ビジネス いらすとれいてっど
Business Etiquette Illustrated

人に好かれる

ものの言い方・伝え方のルールとマナー

古谷治子◎監修
macco◎絵

はじめに

ビジネスの基本は会話です。出会いのあいさつに始まり、報告、相談、質問、交渉……と言葉を介して仕事を進めていきます。

会話では、正しい敬語やていねいな言葉づかいに注意するのは当然ですが、それだけでは不十分です。じつは、相手に好感をもたれたり、「コイツはできるな」と評価されたり、伝えたいことをより効果的に伝えるには、ちょっとしたコツやルールがあります。

本書では、こんな相手に、こんな状況で、こういうことを言えば、人間関係がうまくいくコツをたくさんまとめました。

●思ったことを言葉でうまく伝えられない。
●なんと言えばいいのかわからないときがある。
●人に話しかけるとき、どう切り出せばいいのかわからない。

こんな悩みのある人はぜひ、本書を読んで、実践してみてください。

言葉は相手に近づき、相手に受け入れてもらうための潤滑油の働きがあります。ベースとなるのは「相手に対する思いやり」です。やさしい言葉づかいはやさしい関係を育てます。

会話上手になるためには、経験を積むことが必要です。誰でもすぐにはうまくなりません。本書で紹介した言葉の数々をぜひ積極的に実践して、少しずつ「上手な会話」を身につけてください。きっと人間関係が豊かになることと思います。

２００６年７月

古谷　治子

人に好かれる
ものの言い方・伝え方のルールとマナー◎もくじ

第1章　これだけは覚えておきたい基本

第2章　仕事をスマートにする受け答え

第3章 TPOにあわせた会話術

第4章 トラブル発生！ こんなときどう言う？

第5章 プライベートでもセンスよく

◎編集協力／押木真弓
◎イラスト／macco
◎デザイン／モウリマサト
◎データ／ダーツ

第1章

これだけは覚えておきたい基本

Essential Rules and Manners;

Speaking at Work Effectively

初対面のあいさつ

あいさつで始まる出会い

ビジネスは人との出会いで始まります。第一印象はその後の仕事の広がりにも影響するということを意識しましょう。

印象づける情報をプラス

自分の特徴をユーモアを交えて話すと、印象に残ります。

表情に気をつける

いくらいいことを話しても、仏頂面では台無し！ 口元は上げて微笑んで話すと印象がぐんとよくなります。

目が大きいのは父親譲りなんですよ
FROM
PAPA
小さな頃から運動ばかりしてきたので、体力だけは自信があります

気軽な自己紹介のときでも
つけるときちんとした印象に

はじめまして（一度切る）、本日より配属になりました山田花子と申します。1日も早く仕事を覚えて戦力になれるようがんばりますので、よろしくお願いいたします。

新人はやる気をアピールすると好印象

緊張する人は事前準備を

「初出勤」や「新人」というだけで何かと注目を集めてしまうもの。自分のことや出身地など、質問されそうなことは準備しておくと気持ちがラクです。

第一印象を決めるうえで「見た目」は大きな割合を占めます。服装や身だしなみは問題ないか、あいさつ前に鏡で確認を！　姿勢も背筋を伸ばしてほどよい緊張感を保ちましょう。

見た目以外の情報も○

特技や趣味など、見た目ではわからないことを話すのも意外性と好感をうみます。

「わたしはヤセ気味に見られますが、空手を10年やっていたので腕には力こぶがあります。力仕事はお任せください」

「こんなに大男ですが、趣味で茶道も習っています。ほかはまだ謎を残しておきますので、どんどんつっこんでください。よく働きますので、どうぞよろしくお願いいたします」

自己紹介のコツ

- トピックスの数は1～2点におさえ、30秒以内にまとめるように心がけましょう。あまり長すぎるとウンザリされます。
- 少しゆっくりかな？と思うスピードがちょうどいいです。
- 目線は目より少し上、まゆのあたりにおくと自然です。キョロキョロするのは禁物です。

日常のあいさつ

いつでも、誰にでも

「あいさつとは心の小道」と呼ばれ、自分の心を開いて、相手に近づくために欠かせない行為です。すれちがったとき、目があったときにあいさつをしないのは悪印象。元気よく、あいさつや声かけを自ら進んでするよう心がけましょう。

聞こえないあいさつをしても意味がありません。相手に届くよう、はっきり、明るく！

出社から午前11時頃まで

気合いが入りすぎて声が大きくなりすぎないように、距離感を大切にして。「今日はよく晴れていい天気ですね」などひと言、加えるとGOOD。

返事がなくても

返事がなかったり、鈍い反応の相手がいても、あいさつは続けましょう。ムラのある態度は禁物です。いつも、誰にでも、明るくあいさつをする習慣をつけておきましょう。

あいさつをするときはお辞儀をともなうようにしましょう。ヘッドホンは外します。

タイミングも大切

相手が明らかに忙しいときには短く、余裕がありそうならひと言添えるなど空気を読んであいさつしましょう。

退社するとき

「お先に失礼いたします」

「お先に失礼させていただきます」

上司や先輩など周囲の人が忙しそうなときには

「今日はこれで失礼させていただきますが、何かお手伝いすることはありませんか？」

ご苦労さまは※

「ご苦労さまです」という言葉もありますが、目上の人から部下に対して使う場合が多いので、上司や先輩に対しては使わないように注意が必要です。

退社する人には

「お疲れさまでした」

自分が帰るときにするあいさつではないことに注意。

上司には明日の予定について確認することも忘れずに。

「明日は○○社に直行しますので、よろしくお願いします」

「明日の会議は10時からでよろしいでしょうか」

感じのよい「あいさつ」のポイント

相手の名前をつけたり、天気のことや前日の飲み会の話などひと言つけ加えるだけで相手も返しやすくなります。

「太田さん、おはようございます」

「お疲れさまです。安田さん、昨晩の歓迎会ではありがとうございました」

相手の好みにあわせて話題を選べたら「あいさつ達人」です。

日中

社内の人へは「お疲れさまです」と声をかけあいます。黙礼だけでもOK。

名刺交換のとき

名刺を渡すとき

ビジネスの世界では「名刺は顔」と呼ばれるほど大切なもの。渡すときも受け取るときもていねいに扱います。

胸から胸へ

訪問した側や立場の低い人から渡すのがルール。座ったままの交換はNGなので、かならず立ち上がって行ないます。テーブル越しは避けて、相手と正面から向き合い、胸から胸へ渡すのが基本です。

名刺交換のあいさつはシンプルに。ほかの話は名刺交換後にしましょう。

まごころ商事
営業
遠藤 マリコ
はじめまして。（相手の正面に歩み寄る）まごころ商事の遠藤マリコと申します。（名前を言ったあたりから名刺をスッと差し出す）どうぞよろしくお願いいたします（相手が受け取ったら、一礼しながら）

名刺を渡すときは基本的には両手で行ないます。右手で名刺をもって、左手を下に添えます。

同時交換になったら片手でもOK。

✕名刺がない！

名刺はかならず携帯しておきたいのですが、うっかり忘れたり、切らしたりすることもあります。そんなとき「ない」「忘れました」とは言わずに「ただいま名刺を切らしております。たいへん申し訳ございません」お詫びを述べてから相手の名刺を受け取り、後日会ったときにあらためて名刺を渡します。

複数の人と名刺交換をして足りなくなったら「申し訳ございません。ただいま名刺のもち合わせがございません」

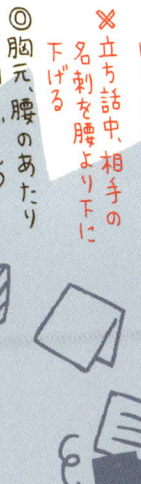

相手の名前はその場で確認

受け取った名刺はすぐにしまわず、その場で目を通します。「○○さまですね」と口に出して確認すると、ていねいな印象に。むずかしい漢字で読み方がわからない場合は確認します。

「たいへん失礼ですが、お名前はどのようにお読みすればよろしいでしょうか？」

めずらしい名字なら「失礼ですが、ご出身はどちらですか？」などと聞けば場が和みます。

名刺を受け取るとき

渡すときと同様、両手で。相手の会社名や名前、ロゴなどを指で押さえないように注意しましょう。

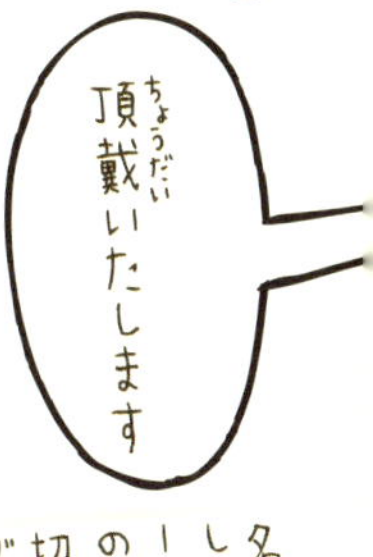

名刺は多めに補充しておいたほうがベターです。ただし、訪問の際に名刺がない、切れているのは絶対タブー。名刺がなくては、あいさつになりません。

相手から先に渡されたら

タイミングを逃して先に相手から渡されたら、あわてずにいったん受け取ります。

「申し遅れました。○○と申します」

「遅くなりまして、たいへん失礼しました」

と言って渡しましょう。

NG名刺交換

※相手の名刺を折り曲げる、汚す

※立ち話中、相手の名刺を腰より下に下げる

◎胸元、腰のあたりで両手でもつ

※すぐに名刺入れにしまう

◎商談中はテーブルの上(名刺入れの上)に置いておく

人の呼び方（敬称）

上司・先輩

○○さん
○○課長（役職）

役職をつけて呼ぶかは職場によってちがいます。自分の職場の習慣に従いましょう。○○さあーん、とのばすのは✕。

○○課長

上司

部下

○○さん

同僚

自分

ビジネスシーンでは男女を問わず、**わたし**もしくは**わたくし**。部署や会社全体を総称するときは、**わたくしども**

わたくし

「名前」で話すのは✕

「マリコはね〜」と自分の名前を主語にしてしまう人がいますが、ビジネスでは論外です！ 切り替えがむずかしい場合は仕事以外の時間も意識して言葉づかいを整えていくようにしましょう。

自分の会社

当社（とうしゃ）
わが社（儀礼的）
弊社（へいしゃ）
小社（しょうしゃ）

同僚

○○さん

後輩や部下を呼ぶときについつい学生時代の延長線で「加藤君」などとクンづけしたくなりますが、「さん」づけのほうがベター

（男性の場合のみ「君」づけも可能です）

同僚

社外の人

社外の人

社外の人

名前がわかる場合は

○○さま（さん）

役職名をつけるときは

○○＋役職名

わからない場合は

あなたさま　おたくさま　ご一同さま

相手の会社

御社（おんしゃ）

貴社（きしゃ）

○○会社（会社名）＋さま（さん）

他社

○○会社（会社名）＋さま（さん）

複数いる場合は、**お連れさま**という言い方もできます。

社外の人に自社の人のことを話すときは

敬称・役職名なし

社外の人に社内の人のことを言うときには、敬称はつけません。慣れないかもしれませんが、上司も呼び捨てにするのが基本です。社外の人と話しているときは相手が敬意を払う対象になるのです。

「加藤はただいま外出しております」

役職をつけるなら

「課長の佐藤が○○、と申しておりました」

社内外でのあいさついろいろ

お客様を迎えるとき

お客様に軽く視線を向けて笑顔で
「いらっしゃいませ」

「おはようございます」

「こんにちは」

受付はまさしく会社の顔。社員の一人ひとりが会社のイメージを担うことを忘れないで、ていねいにあいさつしましょう！

ロビーや廊下でまごついているお客様に出会ったら無言で通り過ぎず声をかけましょう。

接客7大用語をマスターしよう

社会人に欠かすことのできない重要基本用語はこれ。どれも基本的なものですが度忘れに気をつけて！

- いらっしゃいませ
- かしこまりました
- 少々お待ちください
- お待たせいたしました
- 申し訳ございません
- 恐れ入ります
- ありがとうございました

エレベーターにて

乗るときは「失礼します」、
降りるときは
「失礼いたします」。
複数の人と乗り合わせる
ときは軽く目礼します。

操作盤の前に立ったら一緒
に乗り合わせた人に
「何階でしょうか？」
と聞いてボタンを押す
心配りを忘れずに。

「よろしければおうかがいいたします」

「どちらにお越しでしょうか？よろしければご案内いたします」

あいさつするときは、いったん立ち止まって、通路を譲り頭を下げます。

積極的にあいさつ

人と会ったり、すれちがうときは積極的にあいさつしましょう。

たとえ、相手からの反応が薄くてもあいさつを続けることで顔を覚えてもらったり、印象づけることができるでしょう。

偶然、仕事の関係者に会ったら

外出先やプライベートのときに、偶然、取引先の人や上司に会ったときはあわてずに常識的なあいさつをしましょう。

「○○さん、こんにちは。奇遇ですね」

「○○課長、こんにちは。おでかけですか」

好感をもたれる返事のしかた

まなざしが重要

元気よく「はい！」と返事をしても、相手をきちんと見ていないと効果は半減します。逆に言えば、目を見てあいさつをすれば好感度はグンとアップするということ。熱いまなざしが意外と重要なのです。

印象は一瞬で決まります。だからこそ返事は明るく「はい！」とするのが一番です。短い言葉こそ明るく。

語尾までしっかりと

最後の言葉まではっきりと、ゆっくり伝えましょう。心を相手に届けるつもりで。

はい、かしこまりました

はい、かしこまりました

了承のフレーズ

かしこまりました
承知いたしました
承《うけたまわ》りました
お引き受けいたします

「はい」の後につけると、しっかり受け止めている感じが出ます。

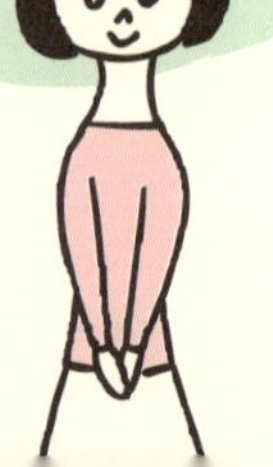

NG

ぶっきらぼう

はあ？

ひっくり返った甲高い声を出す人もいますが、相手が不快に感じます。

無言

・・・・

返事は声に出すのが基本です。上品にうなずいておしまいという人もいますが、うなずきながら「そうですね」などひと言つけ加えるのを忘れずに。

返事の前の不要語

あのう

ええっと・・・・

返事の前に意味のない不要語を入れると言い訳がましく感じますし、耳障り。極力避けましょう。

あいまい

はい、一応

「一応」「なんとなく」「それなりに」などはっきりしない言葉は使わないように気をつけましょう。

「はい」で終わらせない工夫を

時間のないときは「はい」と短い返事でもかまいませんが、ときには自分の意見や感じたことをプラスしましょう。

相手の名前を添えると印象アップ

会話の中で同調するとき、相手の名前をつけ加えるとより親切な感じになります。「そうですね。木下さん」これだけでよりやわらかな返事になります。

お礼の言い方

気持ちを素直に伝える

感謝する、というのは照れくさいものですが、感じることを素直に伝えてみましょう。「おかげさまで」という気持ちを込めて「ありがとうございます」を。

「ありがとう」は人の心を和ませる不思議な言葉です。何度使っても効果のあるフレーズなのです。

「すみません」より「ありがとう」を

相手に何かをしてもらった場合、恐縮して「すみません」と言いたくなりますが、「ありがとうございます」のほうが感謝の気持ちが伝わります。

親しき仲にも礼儀あり

同僚や親しい間柄だからといってお礼をおろそかにしてはいけません。

「ありがとうございます」

「ありがとう！」

「どうもありがとう」

など使い分けながらもお礼は忘れずに。

Thank You

一筆添える

言葉だけでなくメッセージカードやメールを送るなど一筆添えると、ていねいさが引き立ちます。

よくやった!!

ほめられたとき

ほめられたら、恐縮したり「そんなことはありません」と強く否定したりせず、さらりとお礼を言ったほうがスマートです。

使えるお礼のフレーズ

とっさにお礼がすぐ出てくるように、どんどんお礼の言葉をストックしておきましょう。

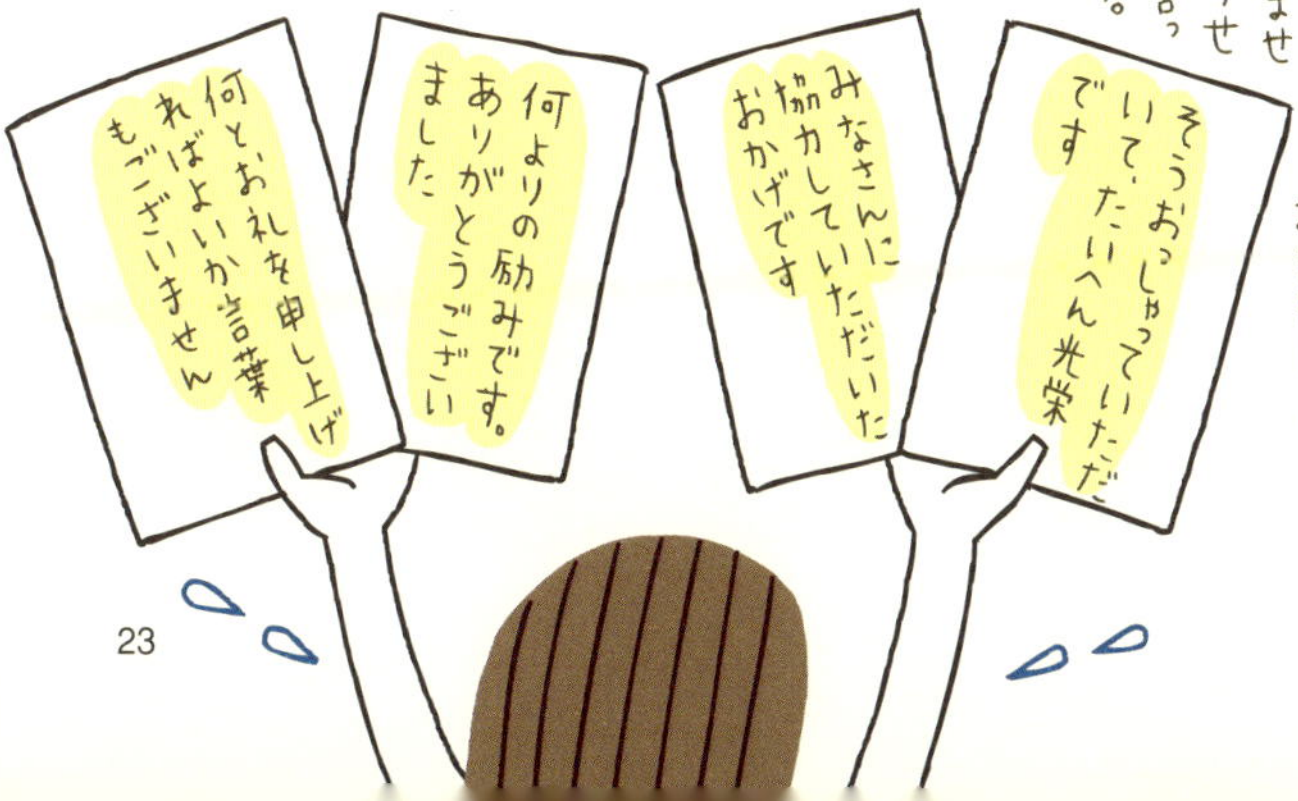
そうおっしゃっていただいて、たいへん光栄です
みなさんに協力していただいたおかげです
何よりの励みです。ありがとうございました
何とお礼を申し上げればよいか言葉もございません

敬語の意味

敬語とは、相手に対する「敬意の心を表現した心遣い」のことです。ビジネスシーンでの円滑な人間関係を保つためには欠かせません。基本をマスターしておきましょう。

敬語には「尊敬語」「謙譲語」「ていねい語」の3つがあります。

「相手」を高める尊敬語

相手の動作や相手の関係する物事に直接敬意を示して相手を持ち上げる言葉

・基本パターン
語尾に「れる・られる」
語頭に「ご・お」をつける

◎「れる・られる」型
例 話される
買われる

◎「お(ご)〜になる」型
例 お帰りになる
ご覧になる

◎「お(ご)〜くださる」型
例 お話しくださった件に関して

「自分」がへりくだる謙譲語

相手を立てるために自分の動作をへりくだって謙虚さを表わす言葉

・基本パターン
〜する
〜いたします

◎「お(ご)〜する」型
例 ご案内いたします
ご連絡いたします

◎「お(ご)〜いただく」型
例 お電話させていただきます

◎「お(ご)〜願う」型
例 お渡し願いたい

◎「お(ご)〜申し上げる」型
例 先ほど申し上げましたとおり

ていねい語

物事をていねいに表現することにより、相手にやわらかい感じや真心を伝える言葉

・基本パターン
～です
～ます

◎「です」型
例 ○○社の電話番号は××です

◎「ます」型
例 領収書があります

◎「ございます」型
例 あちらに応接室がございます

相手との関係によって使い分ける

敬語の使い方がむずかしいのは、誰に対しても同じような敬語を使えばいいというわけではないことです。相手との関係や状況、場面によって使うべき敬語は変化します。

たとえば、ふだんは敬語を使うべき上司でも、社外の人と話すときは、敬語は使いません。

◎社外の人に対して
(呼び捨て)
田中は外出しております

◎社内の人に対して
田中さん(課長)は外出中です

◎田中課長の身内の人に対して
田中さん(課長)は外出されています

敬語の使い方2

好感度がアップする
ちょっとした表現

◎場所
「これ」→「こちら」
「それ」→「そちら」
「どれ」→「どちら」

◎期日
「今日」→「本日」(ほんじつ)
「きのう」→「昨日」(さくじつ)
「あした」→「明日」(みょうにち)

◎時間・程度
「少し」「ちょっと」→「少々」
「いま」→「ただいま」
「さっき」→「さきほど」

◎漢語表現にする
「確かめる」→「確認する」
「買う」→「購入する」
「送る」→「送付する」

恥ずかしがらずに聞く!

まちがった表現をしたかもしれない!と不安になったときは、そのままにせず、お客様や取引先の方に直接

「いまの使い方でよろしいでしょうか?」

とたずねる方法もあります。「きちんとした言葉を使いたいが、慣れなくて申し訳ありません」という気持ちが伝わり好感をもたれるでしょう。

距離感を保つ

親しくなっても一線を画すことは時に重要です。
上司や先輩、取引先などには敬語を忘れないようにしましょう。
あまりに馴れ馴れしすぎると相手によっては嫌悪感を感じてしまうこともあります。

同期の間で敬語TIME！

社内では同僚同士でも敬語で話すようにすると、いい練習になります。基本をマスターしたらシーンに応じてどんどん使ってみましょう。「習うより慣れろ」です。

NG敬語と使ってはイケナイ言葉

二重敬語

「敬語」に「敬語」を重ねるいわゆる二重敬語はNGです。

× お見えになられる

「お見えに（尊敬語）なる」＋「られる（尊敬語）」

○ お見えになる

尊敬語と謙譲語の混同

自分がへりくだる言葉を相手に対して使うのはまちがい。

× そちらでうかがってください

○ そちらでお聞きください

過剰敬語

過剰すぎる敬語表現は耳障りです。

× お客様がお召し上がりになられた

「お～になる」＋「召し上がる（食べるの尊敬語）」＋「られる」

○ お客様が召し上がった

敬語初級者に多いのがコレ！

× おっしゃられました

○ おっしゃいました

外来語に「お」

× おメール

× おコピー

× おデスク

外来語に「お」や「ご」をつけるのはまちがい表現です。

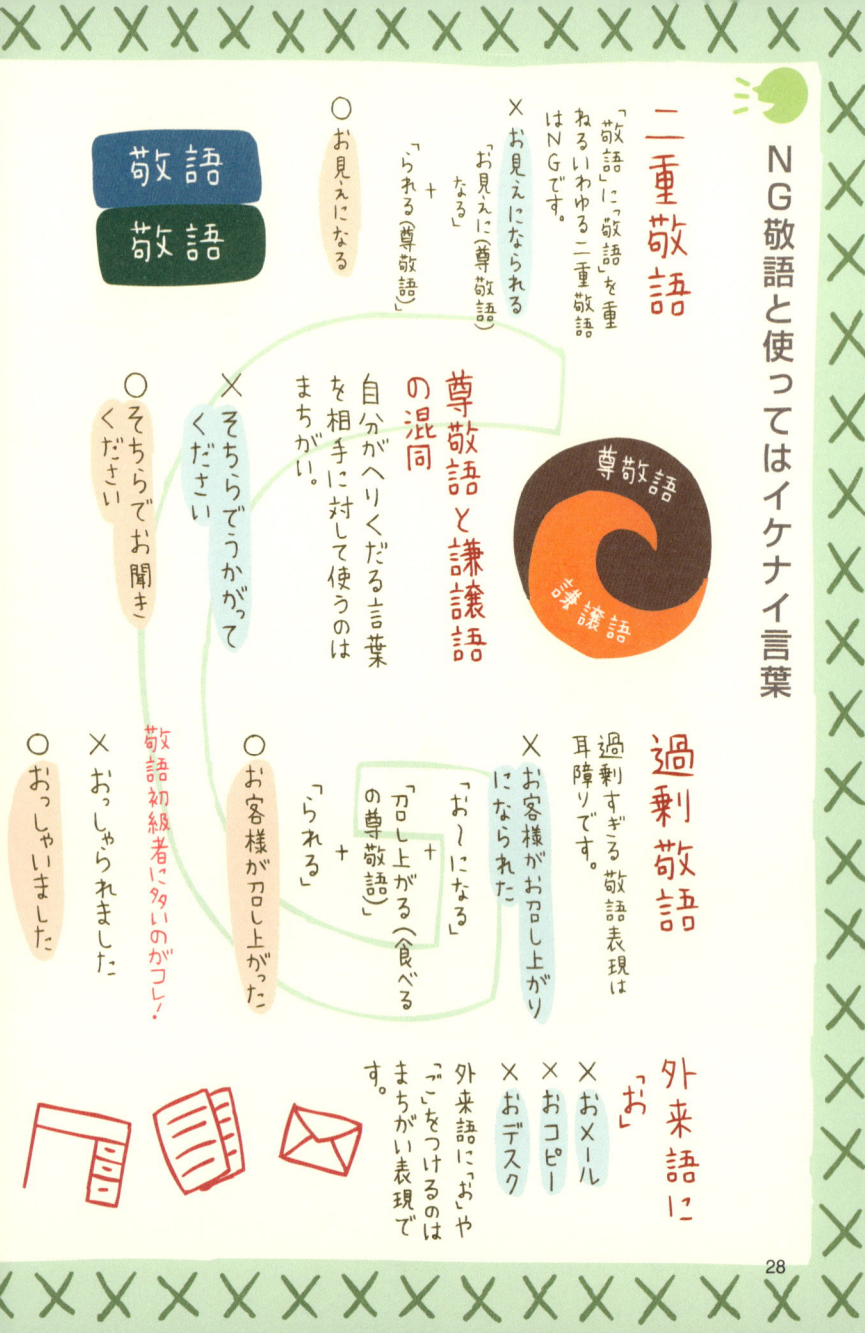

学生言葉やバイト言葉

ビジネスシーンで学生言葉やバイト語を使うことは、取引先など相手への信頼度を損ねるだけでなく相手によっては不快な気持ちにさせてしまいますので極力避けるように心がけましょう。

●「〜のほう」は方角を表わす表現

×「書類のほうおもちしました」

「のほう」をつけるとていねいになる気がしますが誤り。正しくは

○「書類をおもちしました」

とシンプルでよいのです。

●体育会系の言葉にも注意

×ッス、っすね

親しみの込もった同意語のようにも思われますがやはりくだけすぎています。「そうですね」とすんなりスマートに同意しましょう。

●語尾を伸ばす

×てゆうか〜
だと思うんですけどぉ〜

甘えたような幼児言葉は耳障りなだけでなく、相手をいらつかせてしまいますので要注意です！

●過去形で確認

×これでよろしかったでしょうか？

過去形でのギモン文は異和感があります。正解は

○これでよろしいでしょうか？

ソフトな言い換えを覚えよう！

ビジネスの会話はとかく事務的に、ぎすぎすしやすいもの。相手が受け止めやすい言葉、やわらかい表現を心がけることが必要です。

×「できません」

「できません」「わかりません」など否定形は、「〜ます」に言い換えましょう。

できかねます

いたしかねます

わかりかねます

×「ください」

命令形は依頼形に変えるとていねいになります。

×書いてください

○書いていただけますか？

×電話してください

○お電話していただけますか？

覚えておきたい
ていねいな表現

ビジネス用語には独特な言い回しや表現があります。
よりていねいで、ソフトな印象を与える言葉やフレーズです。

ていねいな表現

慣例的に使われている表現です。

伝言→お言づけ
一緒に行く→お供《とも》する
忙しい→手がふさがっている
ひま→お手すき
そんなつもりではない→不本意
ミス→不手際
わからない→勉強不足
忘れた→失念した
知らせる→お耳に入れる

やわらかい表現（婉曲表現）

身体的特徴やストレートに言うときつい印象を与える
言葉をやわらげる表現です。

年寄り→お年を召した方
太っている→ふくよかな
やせている→スリムな
性格がキツイ→はっきりしている
鈍い→おっとりしている

値段が高い→値が張る
値段が安い→お値打ち
いくら→いかほど

※お金に関することは直接的な言い方を避けるのがマナー

第2章

仕事をスマートにする受け答え

Essential Rules and Manners;
Speaking at Work Effectively

報告する

START!

報告も仕事のうち

報告は仕事の「区切り」を示すものです。あなたの報告がないと、次の作業や流れに移れない可能性もあります。上司はいちいち「報告しなさい」とは言いません。だからこそ、積極的な報告が必要とされるのです。

報告前に上司の都合を確認

人の半径1m以内に入るときはかならず「失礼します」と声をかけます。上司が重要書類を見ていたりする場合もありますから。

「失礼します。○○の件でご報告があるのですが、いまよろしいでしょうか？」

「○社への訪問の件でご報告がございます」

何の報告かを先に説明すること。

※ あの件
その会議
例の資料
主語が明確でない表現は避けます

小さなことでも報告

「○日の会議資料を作成いたしました。お目通しを願えますか？」

「会議室への資料の配付を終えました」

頼まれた仕事を終えて、1週間後に報告しても意味がありません。たとえば資料配付が済んだら会議を開始することになっていたら、この報告がなければ会議を始めることができません。

5W3H

伝える重要事項は5W3H

When（いつ）
Where（どこで）
Who（誰が）
What（何を）
Why（なぜ）
How（どのように）
How many（いくつ）
How much（いくら）

とくに金額や数量は確認してから報告しましょう。

「おい、○○の会議資料はどうなってる？」など上司に聞かれたら、あなたの報告が遅いということ。

「ご報告が遅れて申し訳ございません」

とひと言詫びてから、簡潔に報告しましょう。

報告はかならず本人に

報告は、指示を受けた人に直接します。ほかの人に報告や伝言をお願いしても、正確性に欠ける可能性もあります。「直接」を心がけましょう。

ミスは隠さずあわてず

ミスやトラブルの原因、経緯を隠さずに報告し、最善の対処法などの指示を仰ぎます。起こったことはしかたありません。大切なのはミスやトラブルの対処のしかた。落ち込む前に報告を入れましょう。

「梅田商事からクレームがきてしまいました。原因は私の連絡ミスにあります。たいへん申し訳ございません」

上司に知られる前に自分で処理しようとしたりするのも禁物。かえって事態を悪化させてしまう可能性が大です。

言い訳・責任転嫁は禁物

問題が起きたときに、「私のせいではないのですが……」などと責任逃れをする姿勢は信頼を損ねます。どう対処するかを相手はきちんと見ています。

結論から事実を正確に

結論から先に告げ、経過や理由は後から説明します。

あいまいなことや憶測は報告として意味をなしません。「～ではないかと思います」といった表現をしないように。必要であれば文書や資料を用意します。

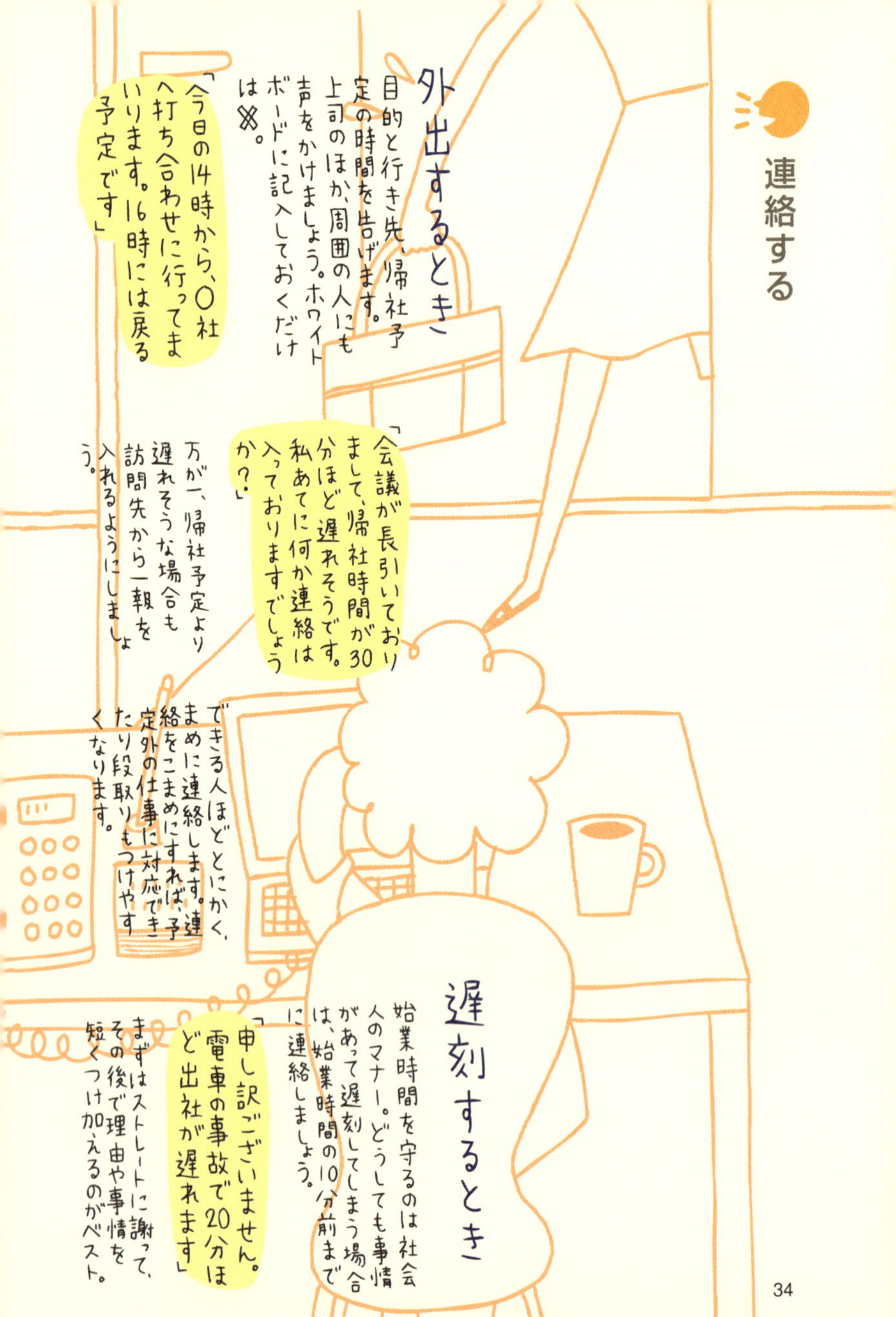

連絡する

外出するとき

目的と行き先、帰社予定の時間を告げます。上司のほか、周囲の人にも声をかけましょう。ホワイトボードに記入しておくだけは×。

「今日の14時から、○社へ打ち合わせに行ってまいります。16時には戻る予定です」

「会議が長引いておりまして、帰社時間が30分ほど遅れそうです。私あてに何か連絡は入っておりますでしょうか？」

万が一、帰社予定より遅れそうな場合も訪問先から一報を入れるようにしましょう。

できる人ほどとにかく、まめに連絡します。連絡をこまめにすれば、予定外の仕事に対応できたり段取りもつけやすくなります。

遅刻するとき

始業時間を守るのは社会人のマナー。どうしても事情があって遅刻してしまう場合は、始業時間の10分前までに連絡しましょう。

「申し訳ございません。電車の事故で20分ほど出社が遅れます」

まずはストレートに謝って、その後で理由や事情を短くつけ加えるのがベスト。

直行と直帰の連絡

朝、会社に寄らず直接取引先などに出かける「直行」は、できるだけ前日までに上司に許可をもらいます。

「明日は10時から○社に訪問したいのですが、直行させていただいてよろしいでしょうか？」

やむを得ず当日になってしまった場合は始業時間前に連絡を入れることを忘れずに。

外出先から直接帰宅する「直帰」も事前に許可をもらっておきます。ただし直帰する前に連絡を入れます。

「何もなければ、このまま直帰させていただいてもよろしいでしょうか？」

約束に遅れるとき

取引先との約束に遅れる場合は、遅れそうとわかった時点で連絡を入れましょう。連絡する時間を惜しんでギリギリの時間に到着するよりも、連絡をして5分遅れるくらいのほうがいいものです。

遅刻はいいものではありませんが、やむを得ない場合もあります。連絡せずに遅刻するのは論外です。

(まずはお詫び)
「たいへん申し訳ございません。
(理由を簡単に)
事前の打ち合わせが長引きまして、
(到着可能な時間を正確に)
20分ほどお約束の時間に遅れます。
(了承を得る)
お待ちいただいてもよろしいでしょうか？」

当日、欠席するとき

突然の体調不良で会社を休むときは、直接自分から上司に連絡を入れます。

「申し訳ございませんが体調が思わしくないので本日は休みをいただきたいのですが、よろしいでしょうか？」

体調管理ができず迷惑をかけるのは自分なのですから謙虚な態度で連絡しましょう。「今日は休みます」といった態度は受け入れられません。

相談する

気になることはまず相談を！

わからないことや迷うことがあるときはそのままにせず、周囲の人に積極的に質問しましょう。

「コピー機の使い方を教えてほしいのですが、お願いできますでしょうか？」

相手の都合を最優先

相談するときはTPOをわきまえること。相談する相手の忙しい時間帯や、食事中、外出直前はできるかぎり避けましょう。

相談のフレーズ

（前置き）
お忙しいところ申し訳ございません

＋

（相談内容）
新しいプロジェクトのことで質問したいことがあります

＋

（ていねいな語尾）
いま、お時間いただけますでしょうか？

語尾は「してください」では強いので、「していただけないでしょうか」とおうかがいを立てるニュアンスで。

内容はスマートに

前置きのあとはできるだけ短く内容をまとめましょう。だらだら話すのは相手にも混乱を招いてしまいます。

- 困っていること
- どうしたいのか
- 何が聞きたいのか
- 自分なりの考えはどうなのか

上司に話すのは何かと緊張してしまう…。という人はメモ書きで話す内容をまとめるのも手です。

前置き言葉

「いま、よろしいでしょうか？」

「恐れ入りますが…」

「お時間いただいてもよろしいでしょうか？」

「突然のお願いで恐縮ですが」

「お忙しいところ申し訳ございませんが」

〇〇〇課

プライベートや深刻な内容は勤務時間後に…

折り入って個人的にご相談したいことがあるのですが、今週中にお時間いただくことはできませんでしょうか？

込み入った話やプライベートのことの相談は、時と場所を選びましょう。もちろん、相手を選ぶことも忘れずに。退職や結婚などプライベートな用件は勤務時間外に相談するのがルール。

誤解を招かぬように、はじめに仕事のことではなくプライベートのことだときちんと伝えましょう。

事後報告も欠かさず

相談ごとが解決した場合はもちろん、そうでない場合も後日感謝の言葉を述べることを忘れずに。

「先日は貴重なお時間をいただき本当にありがとうございました。〇〇の件は、説明を重ねてご理解いただくことができました。おかげさまで解決いたしましたのでご報告いたします。本当にありがとうございます」

- 相手への敬意をつけると好印象

「太田先輩に相談したおかげで、うまくいきました。〇〇方面にくわしい先輩に相談して本当によかったです」

Thank you

説明する

説明することをはっきりさせる

説明するときに話があちこちに飛ぶようでは、相手は混乱してしまいます。まずあなたが説明したいことは何かを明確にし、そのことについてきちんと理解しておきましょう。

○○社とのプロジェクトの進捗状況についてご説明します。

わかりづらい説明をする人はその人自身が説明する内容についてわかっていないことが多いものです。

内容が多いときはポイント整理で

用件が多くなりがちのときは、ポイントを整理して、順番に話すのがGOOD!。

「○×の件でご説明させてほしいことが3つございます。まず1つ目は……、2つ目は……、そして3つ目は……になります」

説明する順序は「全体」から「部分」へ。

「。」はどこ？

1文はできるだけすっきり短く。「です」と言い切りの形にしてまとめましょう。

NG例「わたしは～～で、そしてそのさきにこれがあって～～、ですからあの……」

OK例「昨日のプレゼンはうまくいきました。とくに、カフェについての提案が人気がありました。あすから資料づくりに入ることになりましたのでご報告いたしました。

手際のよい道案内のコツ

1 スタート地点を確認

最寄り駅や大きな交差点など、相手の交通手段にあわせて確認します。

「○○の西口を出て、駅を背にして右手に進んでいただきます」

2 目印となるポイントを説明

コンビニエンスストアや銀行などすぐに目につく建物がいいでしょう。

「50mほど行かれますと○△銀行が見えてまいります。当社はその向かいの茶色のビルでございます」

3 最後にひと言

足を運んでもらうことをねぎらい、不安を取り除く言葉を。

「お気をつけてお越しください。途中もしおわかりにならないようならまたおたずねください」

わかりやすく説明するコツ

・不要語は耳障り

「え〜」「あの〜」などの不要語は、聞く人にとっては耳障りになることもあります。極力避けましょう。

※「え〜、先日の打ち合わせの件なのですが、あの〜。そこで言われたことで…、その〜」

・四分休符を置くつもりで

ついつい勢いよくしゃべってしまいがちです。しかし相手ははじめて知る情報も多いのですから、四分休符を置くつもりで話しましょう。

・メモ書きを持参する

人の頭はコンピューターではありません。数多くのことを話す場合は話したいことをカンタンに箇条書き程度にまとめたものを用意してもいいでしょう。慣れるまではメモを見て話してもよいのです。

謝罪する

素直に謝る

仕事でミスをした、上司から叱責を受けた……。イヤなシーンですが、仕事をしていくうえではかならず通る道です。仏頂面や知らん顔では印象×。きちんと謝罪しましょう。

謝罪のフレーズとなると「すみません」が思い浮かぶかもしれませんが、ビジネスシーンでは「申し訳ございませんでした」が謝罪フレーズとして適切です。

当然ながら、頭も下げましょう。45〜60度の最敬礼です。

謝罪のフレーズ

私の不注意で・私の不手際で

＋

申し訳ございません
申し訳ございませんでした
失礼いたしました
お詫びの言葉もございません
たいへんご迷惑をおかけいたしました

＋

そこまでは考えが及びませんでした
お恥ずかしいかぎりです
私の不徳のいたすところです

＋

今後はこのようなことのないよう
十分、配慮いたします
以後、気をつけます

ビジネスシーンでの話し方は基本的に「明るく、はきはき」ですが、こと「謝罪」に関しては、やや低い声で述べたほうがお詫びの気持ちが伝わります。

言い訳や不誠実な言葉は厳禁

※何度も確認したはずなんですが……。おかしいですね。

※ほんとにそうなってますか？

※○○さんにお願いしておいたのに……

ミスに対する言い訳や責任逃れは、最低です。確認しようが、誰かに頼んでいようが、ミスはミス。しっかり謝罪しましょう。

自分のミスからクレームやトラブルが発生したときは、自分ひとりで解決しようとか、ましてや隠し通そうとは考えないこと。一刻も早く上司に報告しましょう。迅速な対応がさらなるミスを防ぐものです。

「クレーム対応」くわしくは110ページ

ミスをしてしまい、申し訳ございませんでした。今後はこのようなことのないように気をつけます。次回には生かしたいと思います。ご助言、誠にありがとうございました。

ミスしたときの5か条

1. あわてない
2. 上司にしっかり報告
3. 心を込めて謝罪
4. 言い訳や責任転嫁は絶対にダメ
5. 反省したら立ち直る

ミスの原因の分析や確認をしたら、今後に生かすことを忘れずに。同じミスはしないように心がけましょう。いつまでも引きずらず、早く立ち直る切り換えも大切なのです。

仕事の指示を受ける

心地よく受け答え

「はい、承知しました」
「かしこまりました」

心地よい受け答えをすると相手にも好印象を与えます。

期限を確認

「10日までに仕上げます」

期日を伝えると上司も安心です。

「明日の午後イチでお願いします」と頼まれた場合、「午後一時」なのか「午後一時半」なのか、「午後二時」なのかは変わってきます。理解のズレがないかどうか確認するのも仕事のうちです。

「明日の午後一時半までですね？」

相手を立てる

「○○さんの頼みごととあれば断れませんよ」

頼んだ相手も「この人に頼んでよかった！」といい気持ちになります。

断るとき

無理なときは、お礼から始めると明るい断り方になります。

「せっかくご用命いただきうれしく思っておりますが、今回は残念ながら……のためできかねます。次回またお声をかけてください！」

はい、かしこまりました。私でよければ喜んで。○日までに仕上げればよろしいですか？

「わかりました」は同僚から指示された場合のみ、なので注意しましょう。

不安なときは意欲を伝える

少し重荷ながらもチャレンジしたいという場合は

「自信がない部分はありますが、やってみます」

と伝えましょう。引き受けられないときは無理をする必要はありません。

途中でできないことが判明！

引き受けたことは責任をもってすべきですが、さまざまな事情でできなくなってしまったときは理由を伝え、代案を提案し、仕事に支障をきたさないようにしましょう。

「お引き受けして恐縮なのですが……という理由でできなくなりました。○○までお時間をいただければ可能ですが、いかがでしょうか？」

NG3ワード

「できない」「イヤです」「無理です」

こんな返事は通用しません。

自分の意見を主張する

いつ話すか

主張に大切なのは中身はもちろんですが、「いつ話すか」というタイミングです。自分の都合ではなく、上司や先輩を観察して都合がよさそうなタイミングを選びましょう。

場所を選ぶ

内容によっては、社内で話さないことが賢明な場合もあります。その場合は「場所を選ぶ」場のタイミングも必要です。上司や先輩に不審がられないように「お話ししたいことがあるのですが、都合のよい時間にお願いできますか？」とひと言つけ加えましょう。

相手を立てることを忘れずに

「先輩から一つ智恵をお借りしたいのですが」「現在の仕事のことについて疑問が沸いたのでお教えいただけませんでしょうか？」と相手を立てることを忘れずに。

情報不足で主張もできないとき

「なるほど、そのような考えもありますね。即答しかねる部分がありますので後日あらためてご連絡させていただくことは可能でしょうか？」

不利なことは明らかにせずに「持ち帰り作戦」を利用しましょう。

提案型でやんわりと

ストレートに主張すると、たとえその主張が正しくとも「時期尚早」と受け入れられないことも。上手な主張のしかたは、私はこんなふうに考えているが、いかがですか？　と提案すること。

「○○さんの考えはよくわかります。たとえば、こう考えてみるのはいかがでしょうか」

方向性を変えて主張してみるのも大切です。

ストレートに「わたしはこう思います！」と語るのはビジネスではあまり上手な話し方といえないようです。

相手に歩み寄る

意見交換が活発に行なわれる会議や打ち合わせの場では意見が対立することもあります。そんなときは相手の意見に同意できる点を出しながら主張するといいでしょう。

「○○さんのおっしゃるように、新商品のパッケージは……のほうがいいかと思います」

「○○さんからご指摘があったように、……の部分は私も同意です。それでも……」

相手の意見を踏まえたうえで、自分もよく考えていることをきちんとアピールするのがポイント

NGフレーズ

「たぶん…だと思います」「…のはずです」あいまいな表現は×。

質問する

質問の主旨を明確に

「質問したい」という意志と、何についてかの用件を告げ、相手の都合をたずねます。

「失礼します。○○のプロジェクトの見積もりの件で、おうかがいしたいことがあるのですが、お時間よろしいでしょうか？」

相談ごとや質問があるときは、相手の都合に配慮するのを忘れないようにしましょう。「5分ほどお時間いただけますか」など所要時間を伝えて、時間をとらせないことをアピールすれば、耳を傾けてもらいやすいでしょう。

丸投げ質問は×

質問するときは、ただ単に「わからない」という態度でいるのはNG。

×「どうすればいいですか？」

×「何がいいですか？」

と、結論を出すのに時間がかかるような聞き方は、忙しい時間を割いてもらっているという配慮に欠けます。どこまではわかって、どこからがわからないのかを整理しておくこと。

自分はどうするのがよいのか、考えておいて質問するようにしましょう。

「……。私は○○すればいいと思うのですが、課長はいかがお考えですか？」

アレ、できた？

「アレ」「ソレ」など指示語が多く、わかりにくい話し方をする人もいますが、

×「アレって何ですか？」

と、ぶっきらぼうに聞き返すのはいただけません。

○「明日の会議資料のことでしたら、作成しました」

文脈から読み取って話の腰を折らない配慮をすることも会話マナーです。

聞き直すときには

○「恐れ入ります。もう一度お聞かせ願えますか？」

×「え？」「は？」

質問のフレーズ

相手にいやがられそうなことを聞くときや、どうしても聞きたいときには、質問する前に次のようなフレーズを使いましょう。

お差し支えなければ

忌憚《きたん》ないご意見をお聞かせください

率直なご意見を頂戴できればと思います

どうお考えになりますか？

同じ質問はしない

同じ質問を何度もするのは社会人として失格です。「それ何回目？」と呆れられてしまうことも…。一度聞いた質問はしっかりメモしましょう。はじめのうちはメモよりもノートをつくるといいでしょう。

率直に

商談などでは、金額など聞きにくいことも出てきますが、回りくどい言い方は相手に不快感を与えてしまいます。さりげなく、しかしはっきりと聞きましょう。

「ちなみに、ご予算はいくらくらいをお考えですか？」

くわしく聞きたい

相手の説明がよくわからないときは、

「たとえば、どんなことでしょうか」

「具体的には、どんなことを指しますか？」

「わかりません」「知りません」はビジネスでは禁句です。

提案する

まず要点を整理してから

考えながら話そうとすると、話しているほうも聞いているほうもぐちゃぐちゃにこんがらがってしまいます。

まず、「結論」や「要点」を整理して、次の順に説明をしていきましょう。

① 結論・要点
新しいプリンタを導入しましょう。

② 理由
なぜなら現在使用しているものは古くて、性能が悪く、仕事の効率も下がるからです。

③ 裏づける事例
導入したい新機種なら、いまの機種の3倍の処理スピードです。

④ まとめ
ですから、ぜひ新機種の導入を検討していただきたいと思います。いかがでしょうか？

英語のように

英語の文法は、「わたしはこう思います、なぜなら（Because）…」というように、結論から話す形になっています。結論から言いにくい人は英語の文法を活用してみましょう。

説得力を高める素材

- 具体的な事例
- 体験談
- データや資料

わくわくするエピソードを

相手が思わず「なるほど」とうなずき、わくわくするような具体例をつけ足すと、説得力が高まります。

○○だったらいいと思いませんか？

提案内容が複数のときは

「提案したいことは3つあります」のように具体的な数字を入れると、相手も提案を受ける心構えができます。

「あれもこれも全部伝えたい！」と思いますが、相手は聖徳太子ではありません。1回の提案は2つもしくは3つにとどめるのが無難です。


（注・新人でやる気を感じてもらうために量を必要とされている場合は、多く提案したほうがいい場合もあります）

話を「聞く」ことは、文章を「読む」ことよりも、受け手は理解しづらいことを意識しておきましょう。

ジェスチャーも軽く

数字を盛り込む際に指で数字を表現するなど相手が飽きない工夫をすると、集中して聞いてもらえます。

接続詞は控えめに

考えながら話す人の癖でありがちなのが
「……ですから、〇〇なのでありまして、いやーそのほうが……」
と一文が長いこと。
迷ったらすぐに「。」がくるように一文は短くするとすっきりします。

テープに録音

はじめての場所、大勢の相手に提案をするときは緊張するもの。気がつくと「えー」や「あー」が増え、しどろもどろになってしまうことも…。

提案内容を箇条書きにして整理し、テープにとって練習するのも手です。

NGフレーズ

- 無責任
「みんなが言ってます」

「どの会社もやっています」
- あいまい
「たぶん〜だと思います」

「〜ではないでしょうか」

切り返す

軽く受け流す

無神経なことを言われたり、言いがかりをつけられたり、といったこともビジネスシーンではあることです。ストレートに反応せずに、軽く受け流し、やんわりと切り返す大人のテクニックを身につけたいものです。

手厳しいご意見ですね。

(苦笑)善《ぜん》処《しょ》いたします。

おっしゃることはわかりますが、しかし……。

さあ、どうでしょうか。

注意を促す

「まさか、ご冗談ですよね」

軽く釘をさして、相手を怒らせずに反省を促すにはこの言い方です。

「やめてください」など命令形はニュアンスが強くなるので、依頼の形で相手が受け入れやすいようにしましょう。

「○○しないでいただけますか？」

「○○はご遠慮願えませんか」

感情をひきずらない

抗議したあとは、感情をひきずらないことも大切です。いつまでもふくれっつらをしていては、仕事にも影響が出てしまいます。ビジネスでは感情をあらわにしないことも必要です。

セクハラには

社内でセクハラ発言を受けたら、きっぱり本人に抗議する姿勢も大切です。自分がいやな思いをしているとはっきり告げましょう。

「いまの言葉を上司に報告させていただいてもよろしいですか？」

相手が嫌がることをするのが「セクハラ」ですが、人によって感じ方は異なるものです。少しだけ不快だな、と感じたときは正面から抗議せず、かわすことも必要です。

内容を明確に

何を、いつ？
「ちょっと〜、これお願い！」では頼まれた人には何をどうすればいいのか伝わりません。かならず「いつ、どこで、何を、どんなふうにしてほしいのか」具体的に伝えましょう。
明日の会議の資料を、18時までにコピーとってもらえると助かるんだけど
本当にありがとう！助かる
Thank you
お礼を忘れずに
とくに急なお願いを引き受けてもらった場合は感謝の言葉をじゅうぶんにつけ加えましょう。
気遣いを
上司が部下に仕事を頼む場合も、「やってもらって当然」という頼み方では角が立つ場合もあります。
忙しいところ申し訳ないんだけど……いま、手空いてる？
MILD
忙しいところ突然お願いしちゃって……
最後にひと言
気遣い＋用件＋お礼＋気遣いの順で。

○○さんは頼りになるから

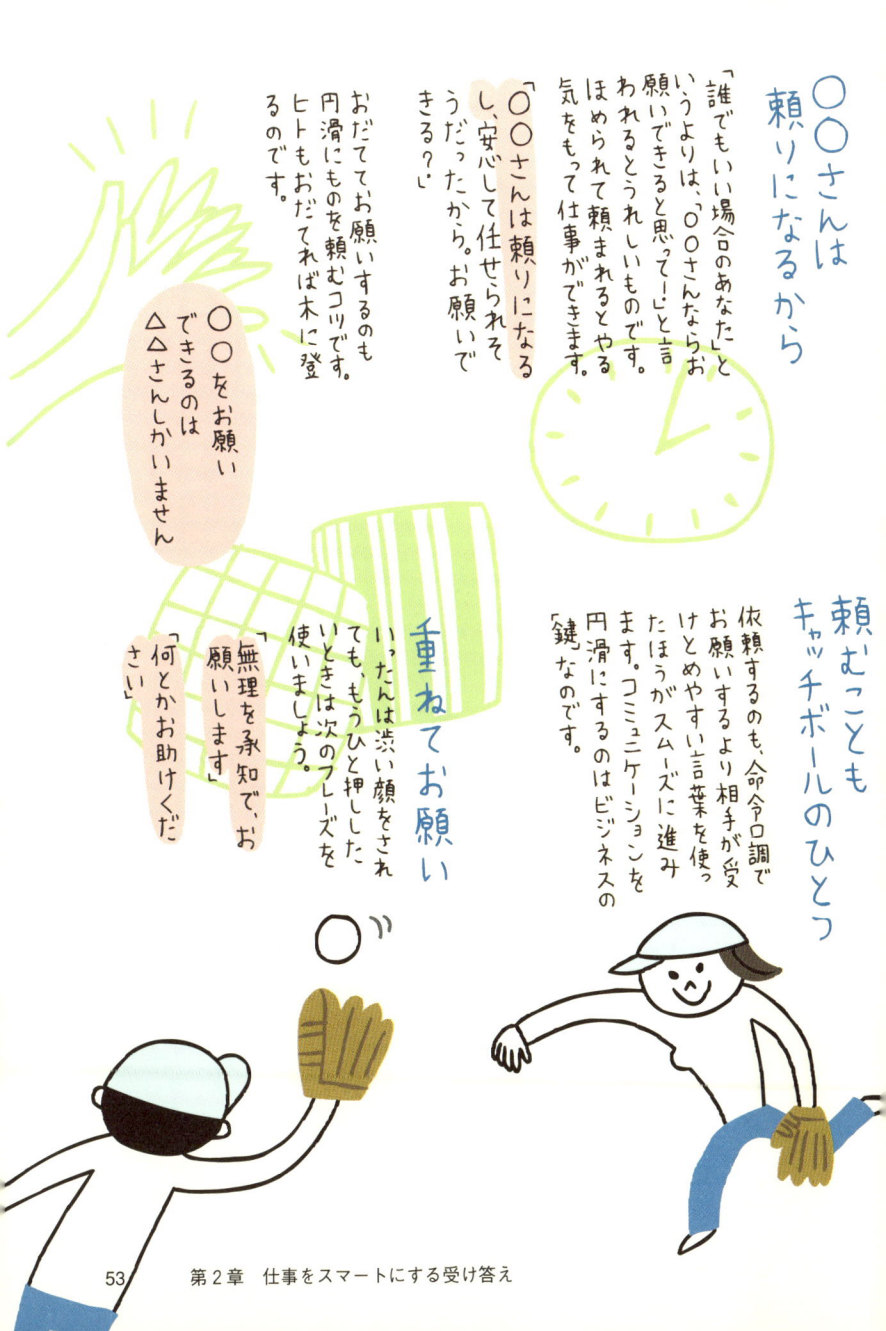

「誰でもいい場合のあなた」というよりは、「○○さんならお願いできると思って！」と言われるとうれしいものです。ほめられて頼まれるとやる気をもって仕事ができます。

「○○さんは頼りになるし、安心して任せられそうだったから。お願いできる？」

おだててお願いするのも円滑にものを頼むコツです。ヒトもおだてれば木に登るのです。

○○をお願いできるのは△△さんしかいません

頼むこともキャッチボールのひとつ

依頼するのも、命令口調でお願いするより相手が受けとめやすい言葉を使ったほうがスムーズに進みます。コミュニケーションを円滑にするのはビジネスの「鍵」なのです。

重ねてお願い

いったんは渋い顔をされても、もうひと押ししたいときは次のフレーズを使いましょう。

「無理を承知で、お願いします」

「何とかお助けください」

ほめる・おだてる

ほめる・おだてるフレーズ

すばらしいですね
お見事ですね
さすが、驚きますね
感服いたしました

目には見えないものを

外見よりも内面をほめられたほうが人はうれしく感じ、相手との距離も縮まります。

「石橋さんの企画センスは抜群のものがありますよね」

名前を入れてほめる

名前を入れてほめると、相手は「自分がほめられているんだ」と自覚し、印象に強く残ります。

「佐々木さんの発言は冴えわたってますね」

ひとつに絞ってほめる

外見も、ふるまいも、仕事ぶりもすべてすばらしい。というほめかたは相手にとっても嘘くさい、と感じたり、「何か裏があるのでは？」と勘ぐられることになりがちです。ピンポイントでズバリ称賛するのがスマートです。

センスをほめる

いいネクタイですね
雰囲気のいいオフィスですね
いいご趣味ですね

ほめられたらほめ返す

同僚や友人に、「最近よくがんばってるし、顔つきが変わってきたね」とほめられたときに、余裕があれば「あなたもいい顔してるよ！」とほめ返してみましょう。お互いがよい気持ちになりもっとがんばろうと思えます。人も言葉も鏡なのです。

上司には

ほめ返すといっても上司に向かって「あなたもすごいですね」というのはちょっと失礼。「○○さんをみならって、もっとがんばろうと思いました」など尊敬の言葉で返しましょう。

これすごいけど、誰？

ときには仕事ぶりを匿名でほめるのもグッときます。「今回すばらしい企画を思いついた人が、このなかに1人いらっしゃいます。たいへん参考になりました」

あまり親しくない人にほめられたら

隣の課やまだあまり親しくない人がほめてきたら、「もっと親しくしたい」というサインかもしれません。お礼を返しながら「ありがとうございます。とても光栄です」と答えておきましょう。

角を立てずに断る

①まずは謝る

仕事の状況しだいでは依頼内容を引き受けることはできないこともあります。まずは素直に謝りましょう。

申し訳ございません。あいにくせっかくですが……

②状況を説明

次に現状を正直に説明します。

じつは、いま仕事が立て込んでおりまして、自分の力で1時間以内にすることが厳しい状況です

※相手が取引先の場合は、すべての事情を明らかにする必要はありません。現状では引き受けることが厳しい旨をていねいに説明します。

③指示を仰ぐ

期限を変更して、依頼するのか。ほかの人にかわってもらうのか、判断は相手に任せます。

どうしたらよいでしょうか？

ぼかしの技術
（上級者向き）

- すぐ判断できない場合

先の日程の都合を聞かれて、まだ予定が読めない場合には

「いまのところ空いておりますが、もしかしたら
△△会議が入ってしまうかもしれません」

とぼかして現状を伝えることもできます。

- 「断り」のサイン

あいまいな表現なので使用することはおすすめできませんが、相手に言われたら「断り」のサインであることを覚えておきましょう。

また、今度ということで
いつか、○○できたら△△しましょう

代替案を出す

スケジュールを変更する、もしくは代理を立てるなど、何かしらの代替案を出して断るのが賢明です。「つなぐ」というのも大切な仕事です。

「今回わたくしはスケジュールの関係でお引き受けしかねるのですが、社内の別の者が対応可能なのですが、いかがいたしましょうか？」

実際には代案を了承してもらえなくても、相手には「依頼を断られた」という意識は薄れます。

上司にアフター5に誘われたら

●受けるフレーズ

例：「ありがとうございます。喜んでご一緒させていただきます」

「ありがとうございます。喜んでお供させてください」

「ありがとうございます。お言葉に甘えてご一緒させていただきます」

●断るフレーズはぼかして

断る場合も誘ってもらったことに対して、まずお礼を

例：「ありがとうございます。申し訳ございませんが、どうしてもはずせない予定が入っております。次の機会を楽しみにしております」

「ありがとうございます。申し訳ございません。本日は体調を崩しているためご一緒できそうにありません。またの機会にお声をかけていただけませんでしょうか？」

●3回に1回は受けるつもりで

仕事とプライベートははっきりわけたがる人も多いのですが、上司とのアフター5のつきあいは「課外授業」のようなもの。

誘いは3回に1回は受けるようにするのもマナーです。


ごちそうになったら「ごちそうさまでした」とお礼を。翌日も再度お礼を言いましょう。

第3章

TPOにあわせた会話術

Essential Rules and Manners;

Speaking at Work Effectively

電話を受ける

第一声は「はい」

電話の第一声は
「はい！〇×商事です」
「はい＋会社名」です。
友人との電話は「もしもし」かもしれませんが、会社の電話はこれからは「はい」と落ちついた声で対応しましょう。

大代表の電話など、総合案内窓口の場合は「お電話ありがとうございます」などつけ加えるとさらに好印象になります。コールは3回以内にとるように。

顔が見えないからこそ

電話に出るときはあなたの「声」が会社の顔になります。会社の代表として、電話に出ていることを意識して、言葉づかいに気をつけましょう！

相手が名乗ったら

相手の名乗りにあわせてあいさつをします。

相手「お世話になります。〇×商事の△△ですが」
あなた「こちらこそ、お世話になります」

相手「こんにちは、〇×商事の△△ですが」
あなた「こんにちは」

困ったときの電話フレーズ

相手が名乗らない
「失礼ですが、どちらさまでしょうか？」

相手の声が聞こえない
「恐れ入りますが、お電話が少々遠いようですが」
×「聞こえません」

よく聞き取れなかった
「申し訳ございませんが、もう一度お願いできますでしょうか？」

電話を取り次ぐ

「○○部の△△ですね。ただいまかわりますので少々お待ちくださいませ」

名指し人を復唱して確認した後、断ってからつなぎます。無言のまま保留ボタンは×。

かかってきた電話を指名された相手につなげるのは受けた人の責任です。

取り次ぎはメモで

電話をとるときには、メモの用意をしましょう。自分宛てではない電話だと、聞き慣れない単語や社名が飛び交うこともありえます。人間は一度にたくさんのことは覚えられないもの。箇条書きでかまわないのでメモをとる習慣を。

緊急メールは電話で確認

メールに「早急にお願いします」というフレーズをつけ加えたとしても、相手がパソコンを開いていなければ意味がありません。急ぎの用件は念のため電話しましょう。

「先ほどメールをさせていただいたのですが、ご覧いただけましたか？」などメールを送りっぱなしにしない工夫が必要です。

FAXを送ります&受け取りました

FAXで重要な書類を送るるときには、送る前にひと言「これからFAXいたしますのでお目を通していただければ幸いです」と、電話するのがベスト。相手が受け取りの確認を求めている場合は受け取りっぱなしにせず「受け取りました」と折り返し電話を！

電話を取り次ぐ

電話の取次基本パターン

「おつなぎいたします。少々お待ちくださいませ」

←（保留ボタン）←

（あなたの名前）

「○○ですが、☆番に△△社の□□さんからお電話が入ってます」

相手が出たら、取り次いでいるあなたの名前を名乗ります。どんな電話でも名乗るのがマナーです。

簡単な用件を聞いていたら、「……の件でお電話が入っています」と伝えましょう。

特定の人に宛てた電話ではない場合

とくに名指し人がいない場合は、相手の用件を聞いて、関連する部署につなぎます。

「ただいま担当の者にかわりますので、少々お待ちください」

（関連部署に内線）

「□□に関するお問い合わせのお電話が入ってます」

◆不在理由の告げ方

外出
「外出しております。×時には戻る予定です」
（予定を伝える）

席にいない
「席をはずしております」

その他
「ただいま○○中でございます」
会議・来客・出張など

休み
「お休みを頂戴しております」

名指し人が不在のとき

●不在理由を告げる
「○○はあいにく、ただいま外出をしております」

←

●対処方法をたずねる
「いかがいたしましょうか」
「戻り次第、こちらからお電話をさしあげるようにいたしましょうか？」

対処方法には
・相手がかけ直す
・こちらからかけ直す
・伝言を受ける
などがあります。どの方法にするかは相手に決めてもらいます。

相手が対処に困っていたら

相手の話しぶりから「急ぎ」の様子を察したら、

「私でよろしければ、ご用件を承りますが？」

「私、同じ部署の○○と申しますが、よろしければ代理でおうかがいいたしましょうか？」

と申し出る配慮も。

不在の名指し人から相手にかけ直すように依頼されたら、相手の電話番号・名前を聞くのを忘れずに。

「念のため、お電話番号をお教えいただけますか？」

伝言を受ける

伝言を受ける場合は、復唱します。

「○○の注文書を明日の午前中にFAXするように、ということでございますね」

とくに電話番号や数字などはゆっくりと復唱してお互いが確認しあうとミスを防げます。

最後に、

「私、遠藤が承りました。たしかに高橋に申し伝えます」

と名乗ると、伝言を頼んだ相手は、安心します。

困った電話の対応

・まちがい電話

「こちらは○○会社でございます。失礼ですが、おかけまちがえではないですか？」

・何度も同じ相手からかかってきたら

「失礼ですが何番におかけでしょうか？」

番号の確認を促します。

・セールス電話

「申し訳ございませんが、そういったお話はお断りするように言われております」

「いまは必要ございませんので」

・応答できない電話

「私ではわかりかねますので、上司とかわります」

困った電話でも会社宛にかかってきた電話ですから、ていねいな応対を心がけましょう。

電話をかける基本ステップ

名乗る
「わたくし、○○会社の△△と申します」
←
決まりのあいさつ
「お世話になっております」
←
指名する
「△△課の□□さまをお願いいたします」
←
取次
←
相手が出たら名乗ってから確認
「わたくし、○○会社の△△と申します。□□さんですか？」

用件を伝える

「本日は○○の件でお電話いたしました。いま、お電話でお話ししてよろしいでしょうか？」

用件を簡単に伝え、都合を聞きます。

折り返し電話を頼む

「恐れ入りますが、お戻りになりましたら、お電話をいただけますでしょうか？

念のため、こちらの電話番号を申し上げます」

相手が不在の場合は、かけたほうがかけ直すのが原則ですが、相手の都合によっては折り返し電話をもらう場合もあります。

伝言を頼む

「では、○○から電話があったことだけをお伝え願えますか？」

「では、ご伝言をお願いします。メモのご用意をお願いできますか？」

伝言内容は誰が聞いてもわかるように、簡潔に。

携帯電話からかける場合は

「携帯電話から失礼いたします」

とひと言詫びること。携帯は緊急時のみ、が基本です。

携帯電話にかける

「外出先にまでお電話して失礼いたします。いま、お電話、大丈夫ですか？」

携帯電話はいつ、どこにいてもつながってしまいますから、話しても大丈夫か確認をとります。「移動中です」もしくは「5分、10分なら」と言われたらふたたびかけるか、コンパクトに話をまとめましょう。

来客に応対する

お客様を迎える

お客様が話しかけやすいように笑顔で「いらっしゃいませ」と顔を向けます。

はじめて来社する人にとって、会社のイメージは最初に応対した人の態度で決まります。

来客の応対は受付の人だけがするものではありません。受付を担当している人が不在だったり、ロビーや廊下でとまどっているお客様を無視して通り過ぎる社員がいれば、イメージは悪くなります。

声をかけるときは

「失礼いたします」

「お客様」

「ご用件をおうかがいいたしましょうか？」

×「すみません」「あのう」

来客応対のフレーズ

相手が用件を告げたら

「○×社の△△さまですね、営業部の○○でございますか。少々お待ちください」

名刺を出されたら

「お預りいたします」

あらかじめ来訪予定を知らされていたら

「△△さまですね、お待ちしておりました」

アポイントの有無を確認する

「失礼ですが、お約束でございますか？」

アポイントがない場合

「ただいま確認をしてまいりますので、少々お待ちくださいませ」

お客様を案内するときは、斜め前を歩きますが、完全に背中を見せないように、斜め向きにし、後ろのお客様を意識しながら歩きます。

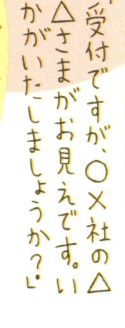

内線電話で取り次ぐ

「受付ですが、○×社の△△さまがお見えです。いかがいたしましょうか？」

呼びに行く

「ただいま○○を呼んでまいります。少々お待ちください」

行き先を告げる

「○階の○室へおいでください」

案内する

「お待たせいたしました。○○（会議室・応接室）にご案内いたします。こちらへどうぞ」

※方向は手のひらで示す

応接室へ通したら

「○○はすぐにまいりますので、しばらくお待ちください」

席をすすめる

「どうぞ奥の席におかけください」

お茶を出す

「お茶をおもちしました。前から（後ろから）失礼いたします」

飲み物の好みをたずねる

「お飲み物をご用意します。日本茶とコーヒーとどちらがよろしいですか？」

「冷たい物と温かい物とどちらがよろしいですか？」

接客する

「いらっしゃいませ」

「お待ちしておりました」

「本日はわざわざご足労いただきありがとうございます」

「お忙しいなか、お呼び立てして申し訳ございません」

あいさつを交わしたら、近況や天候の話など軽く雑談をしてワンクッション置くのがマナーです。いきなり本題に入ると事務的な印象で、相手をせかしているようで失礼です。

他社を訪問する

受付にて

失礼いたします。わたくし、○○社の△△と申します。営業部の□□課長にお目にかかりたいのですが。×時にお約束をいただいております。

受付がない場合は、入口近くの人に声をかけて名乗ります。約束の時間の5～10分前には到着するようにします。受付に行くまでにコートは脱いでおきます。

訪問のフレーズ

待つように言われたら

「はい、恐れ入ります」

「はい、かしこまりました」

部屋へ案内されたら

お茶を出されたら

「ありがとうございます」

「恐れ入ります」

応対してくれる人に対して、ていねいに感謝を

飲み物の好みをたずねられたら

「では、コーヒーをお願いいたします」

応接室にて

遠慮なくいただきます

席をすすめられるまでは勝手に着席しません。また、あいさつがすむまでは、資料や書類を広げたりしません。

着席するとき

「失礼いたします」

カバンや荷物は足もとに置きます。コートはコート掛けがあれば、ひと言断って掛けます。ないときはきちんとたたんで、椅子と背中の間に置きます。

お茶やお菓子は相手にすすめられるまでは手をつけません。

すすめられたら

「遠慮なくいただきます」

約束の相手が入室したら、立ち上がってあいさつします。

「本日はお時間をいただきありがとうございます」

「こんにちは。お邪魔しております」

手みやげを渡す

みなさんでどうぞお召し上がりください

面談のときのフレーズ

本題に入る前の雑談

●オフィスや周辺の印象

「快適なオフィスですね」

「こちらの駅前はずいぶんにぎやかになりましたね」

●相手の会社について

「御社の○○（新製品、Webサイトなど）を拝見しました。反響はいかがですか？」

訪問前には相手の会社の情報をリサーチし、ニュースや直近の話題などを頭に入れておきましょう。知識ゼロで訪問するのは失礼です。その日の朝刊とニュースくらいは目を通しておきましょう。

本題の切り出し方

「ところで、本日おうかがいいたしました件ですが……」

「さっそくですが……」

返答に困ったら

「上司に相談しないと何とも言えません」

「その件につきましては即答しかねますので、社のほうで確認をとりまして後ほどご連絡をさせていただきたいのですが」

去るとき

「では、そろそろ失礼いたします」

「本日はどうもありがとうございました」

手みやげはあいさつの後、差し出します。クッキーやせんべいなど大勢で分けやすく、小皿などが不要で手軽に食べられるものが好まれます。

オフィス外での会話マナー

ていねいな言葉づかいで

オフィスを離れた飲み会の席などでも、立場をわきまえた話し方が必要です。目上の人には堅苦しすぎず、でもきちんとした言葉づかいを心がけましょう。

打ち解けるきっかけづくりは自分から

初対面の人やまだそれほど親しくない人との会話は緊張するものです。とくに会話ベタな人は、受け答えが短く、ぶっきらぼうにとられがち。「どうも」「はい」「いいえ」だけで会話を終わらせない努力をしましょう。

（料理をすすめられたら）

「どうもありがとうございます。大好物です」

趣味や特技など共通点があれば、思いきって質問する手もあります。自分から話をふれば、相手はかならず受けてくれます。

「ちょっとお聞きしたいことがあるのですが、よろしいですか？ ○○さんはボサノバがお好きとうかがいまして、じつはわたしも大好きなんですよ」

相手が自分のことをオープンにすれば、人は警戒をときやすいものです。キャッチボールはボールを投げることから始まります。

ポジティブに、肯定的に

「どう？」「慣れた？」などの気遣いに対して

×「まったく慣れません。寝不足だし、仕事は全然覚えられないし、失敗ばかりです」

○「そうですね、少しずつですが仕事も覚えてきました。○○さんに怒られてばかりですが、それだけ成長する面も多いととらえてもらっています」

悲観的でグチっぽい人とは話していても不愉快です。明るく、前向きな表現になるよう注意しましょう。

○嫌われる話し方

否定的「そんなの、おかしい」

「その本はおもしろくなかった」

「あなたはまちがっている」

無関心「それがどうしたんですか」

「だから何なんですか」

相手が関心を示しそうな話題で会話する。

○○さんは、ゴルフをなさるそうですね。コースでよくプレーなさるんですか？

会話が弾むあいづち

話に対してこちらが無言だと「この人はほんとに聞いているのだろうか？」と相手がやきもきしてしまうこともあります。

「おっしゃるとおりですね」

「それから、どうなったんですか？」

相手が気持ちよく話を進めるあいづちを覚えておきましょう。

酒席では

楽しく会話するのはいいのですが、「食べ物」や「飲み物」が先輩に行き渡っているかの目配りは必要です。飲み物がなくなったら「お飲み物は足りてますか？」とメニューを広げる心配りを忘れずに。仕事以外でも「こいつできるな！」と思わせるチャンスはいくらでもあるのです。

注意したいこと

◇話の腰は折らない

◇質問は、最後まで聞いてから

◇否定意見や反対意見は避ける

ほめられたときの受け答え

笑顔で受けとめる

ほめられたら素直に「ありがとうございます」と受けとめましょう。これがほめてくれた人を立てることにもつながります。

「とんでもない、そんなことないです！」と完全に否定してしまうのは、相手を傷つけてしまう可能性もあります。日本人は「謙遜する」という美徳がありますが、目上の人からほめてもらった場合は「○○さんのおかげです」と相手を立てつつ感謝するのがマナーです。

ほめ言葉を返す

「ありがとうございます。
○○さんのほうこそ、
……がお上手ですよね」

ほめてもらったお返しに、相手のすばらしいところをほめましょう。

ほめられたときの受け答え

ありがとうございます。
○○さんのご指導のおかげです。
○○さんにほめていただくと
何よりの励みになります。
今後もがんばります。
これからもご期待にそえる
ようがんばります。

今後の意気込みも
表現するとGOOD!
せっかくほめてもらったの
ですから、「ほめがいがあ
る」と思わせましょう。

感謝の気持ちの伝え方

「ありがとう」って言えますか？

ありがとう

感謝するとき、「どうも…」と言葉を濁したり、照れ隠しから謙遜や否定的な発言をしたりするのは印象がよくありません。

「どうも」は謝罪にも感謝にも使える便利な言葉ですが、気持ちを伝えるには不十分。きちんと「ありがとう」を言いましょう。

OK and NG

「その資料すごくいいじゃない！ 今回徹夜でがんばったんだね」

NG返し

「こんなの誰でもつくれますよ。徹夜するのは要領が悪いだけです」

「……どうも（照れ）」

OK返し

「そう言っていただけると徹夜したかいもあります！ もっとがんばりたくなりました。ありがとうございます！」

名前をプラスする

感謝の言葉を伝えるときは、相手の名前をプラスすると大胆に相手に感謝を伝えることになります。

遠藤さんのおかげでスムーズに進んだよ。ほんとうにありがとう！ ありがとうえんどうぅ！

お礼はやっぱり「すぐに！」が一番

感動すること、感謝することがあった場合、その日のうちに気持ちを伝えましょう。時間がたてばたつほどお礼の気持ちも温度も薄れてしまいます。

ただし、相手が忙しいときに感謝の言葉を述べても効果は半減します。相手が時間に余裕があるときなどタイミングを見計いましょう。

「おかげさま」でセンスよく

ありがとうございます、に「おかげさまで」のニュアンスを含ませると、スマートな印象になり好感度がアップします。

「協力してくださったみなさんのおかげです」

(顧客に)「おかげさまで目標達成することができました」

(上司にほめられて)「すべて○○課長のおかげです」

ありがとう、ばかりで伝わらないかなと思ったときには「すごく感謝しています。言葉では伝わらないこともあるんですね」と、あえて言葉にならない感謝を伝えるのも手です。

より具体的に

気持ちをオーバーに言葉にするのも相手に伝える方法です。

気持ちは見えないからこそ、口に出すことも必要です。

「あのとき、石橋さんが手伝ってくださったおかげで今回の企画が通りました。ありがとうと何回言っても足りないくらいです」

どこに感謝しているのか具体的に伝えると、より相手に気持ちが伝わります。

☆借りたものを返すとき

借りた資料や本を返すときは、どのように役立ったか、感想を述べると、相手も気持ちいいものです。

「○○社への提案書を作成するのにたいへん参考になりました」

「たいへん勉強になりました。○○のときに役立てます」

「昨晩は、ごちそうしていただき本当にありがとうございました。仕事で恩返しできるように一生懸命がんばります！(笑顔)」

取引先とのおつきあいで

飲食に誘われたら

取引先の人から誘いがあったときは、自分の判断だけで返事をしません。会社としての方針もありますからお礼を述べてから上司に相談したほうが無難です。

「お気遣いありがとうございます。上司と相談してからお返事させていただきます」

・受けるときは

「ありがとうございます。○○とともに遠慮なく伺わせていただきます」

・接待の席に出かけたら

「本日はお招きいただきありがとうございます」

「ステキなお店ですね」

断るときは丁重に

やむを得ず、断るときでもお礼は忘れずに。

「ありがとうございます。たいへん残念ですが、その日はあいにく都合が悪くて……」

こんな返事はNG

ぶっきらぼう
×「その日はダメです」

非常識な理由
×「その日はテレビを見たいので」

接待の場での心得

「本日は無礼講で飲みましょう」とホスト側から言われることはありますが、もちろん真に受けてハメをはずしたりしないように。

お酒が入るとつい気持ちが大きくなりすぎて余計なことまでうっかり口を滑らせてしまいがちです。たとえ酔ったとしても仕事での肝心な部分などは「お酒の席だったので」とあとで言い訳をすることもできませんから慎重に！

●最後にお礼を忘れずに

「本日はごちそうになりありがとうございました。たいへんおいしくいただきました」

取引先からの接待は、仕事の延長線上にあります。自分の役割をしっかりわきまえ、場の雰囲気を盛り上げましょう。

取引先の人から交際を申し込まれたら

オトナの男女として「公」と「私」を分けられるなら問題はありません。お幸せに！
しかし、相手が取引先の有力者の場合は交際をするかしないかで取引に影響してくることが考えられます。気恥ずかしいかもしれませんが、信頼できる上司に相談しましょう。

「太田商事のことでご相談があるのですが、じつは金子社長の息子さんに交際を申し込まれてしまい悩んでいるのです。率直な意見を聞かせていただけませんか？」

ときには感謝を

後輩や部下にお礼を言うのは照れくさいものですが、日頃のがんばりを言葉にして評価してもらうと、相手の心に響きます。ふだんほめない人ほど、感動は大きく伝わります。

あなたのおかげで本当に助かっているのよ

第三者に伝えておく

本人に直接「素晴らしい！」と伝えるよりも、第三者から伝え聞いたほうが感動を深めることもできます。

鈴木さんが、加藤さんのことを本当に素晴らしい仕事ぶりだと言っていましたよ

スパイスをきかせて

漠然とほめるよりも、具体的に持ち上げると、やる気をさらにひきだすきっかけになります。

今日の会議中の発言、ものすごく冴えてたよ〜。今後もこの調子で頼むよ！

改善指導はほめてから

相手に改善してほしいことがあれば、先にいいところをほめたり、感謝してから頼むと効果的です。

いつも〇〇をがんばってくれてありがとう
ただ、報告は細かくしてもらえるかな？

理由を聞く

ミスがあったり、問題行動を見つけたら、客観的に事実を述べて、理由をたずねると角が立ちません。

「資料の提出が遅れているけど、何かあったの?」

考えさせる

「こうしなさい」と頭ごなしに押しつけても、納得しづらいものです。別の立場に立ったら、どう考えるか問いかけると、問題点を自覚してもらえます。

「もし君が○○だったら、どう思う?」

「どうすれば○○はできるようになると思う?」

相手を認める

後輩の指導をするときは、つい「できて当たり前」「理解して当然」という前提に立ってしまう人が多いもの。誰にでも得手・不得手はあります。他人は自分とはちがう、ということを頭において、「できない」ことを指摘するよりも、「できた」ことを認めるようにしましょう。

NG

目上の人に「がんばってますね」は×

上司などが熱心に仕事に励んでいるときに、「本当にがんばっていらっしゃいますね」と言いたくなる気持ちはわかりますが、これは失礼にあたります。ねぎらいの言葉は目上の人が言うもの。

たとえていねいな言い方でも失礼になることに注意しましょう。

注意する

感情的にならない

「注意する」ことの目的は、相手に問題を認識してもらい、改善してもらうことにあります。「感情的に怒る」ことではありません。

感情をむき出しに注意すると、相手はイヤな感情だけが残ってしまいます。どこがどのようにいけなかったのか相手にわかるようにポイントをおさえた注意を心がけましょう。

言いきりで終わりにしない

「君はできないから、もういい」などと、悪い注意で終わりにせず、フォローの言葉を加えるようにしましょう。

「君ならできると思うからよろしくね」

「厳しいことを言うようだけど。期待しているからだよ」

3分間だけ時間を…

注意の前にあえて叱る時間を限定させるのも効果的。何時間もダラダラ叱っては逆効果。注意をするほうもコンパクトに結論から指摘することができ、注意されるほうも集中して自分はどこがいけないのか聞くことができるはずです。

「さっきのプレゼンの資料の件で3分間だけ時間をくれない？ あなたには申し訳ないけど注意しなければならないことを見つけてしまったのよ」

「はい！おしまい」と区切る

注意をするのは、するほうもされるほうも気持ちがよいものではありません。主旨を伝えたら、「はい！　この件はもうおしまい！　次はやってくれるよね！」と注意終わりの合図をするのも、気遣いです。

ゆっくりと深い呼吸を

ミスが連発したり、何度も同じことを注意したりするときは、どうしても感情的に相手を責めたくなるときもあります。そのときは、注意の前に深呼吸をゆっくりとして意識を整えるのも効果的。

具体的に

「もっとちゃんとして」「しっかり」など、どうすれば「ちゃんと」してるのか、本人はわからない場合もあります。できるだけ「具体的に」注意するほうがいいでしょう。

「この企画書の、3ページ目にミスが多かったからやり直してもらえる？」

ムズカシイ相手には

注意するとヘソを曲げてしまうようなタイプの人には、いったん引いてから注意を促すのが効果的。

「気のせいかもしれないが、最近ミスが多いんじゃない？」

注意をして、モチベーションが下がってしまいそうな場合は、あまりガンガンと注意せず、さらりと注意するなど注意法も使い分けましょう。

雑談のしかた

商談で本題に入る前、先輩と一緒に出かけるときなど、気軽な話をして、緊張をやわらげるのも大切なこと。そつなく雑談できるように心得をマスターしておきましょう。

● 雑談にふさわしい話題

誰もが楽しい話がいちばんです。無難なのは気候や衣食住に関する話題です。

● マズイ話題

暗い話や誰かの悪口など心地よくない話題は雑談にはふさわしくありません。

・暗いニュース
・下品な話
・宗教や政治に関する話
・自慢話や自分だけが興味のある話

● 話題に困ったら質問を

何を話していいのかわからなかったり、話題がなくなったら、相手に質問するのもいいでしょう。

会話が続くように、質問は相手の返事が「YesかNo」に終わらないように工夫をしましょう。

「最近テニスを始められたとか？
どれくらいの割合でなさるんですか？」

第4章

トラブル発生!
こんなときどう言う?

Essential Rules and Manners:
Speaking at Work Effectively

催促する

まだ？・は禁句

依頼していた仕事が期日になってもできていない……。そんなときは、催促をしなくてはいけません。

「どうなってるの？」「できてないの？」と問いつめるのはマナー違反。

まずは、してもらっていることに対する「ねぎらい」の言葉をかけましょう。

相手をせかすと、不用意なミスにつながってしまうこともあります。

オトナの催促に「まだ」はNGワードです。

「資料づくりを引き受けてもらってありがとう。どう、進んでる？」

さりげなく催促するフレーズ

自分の落ち度のせいにする

「言い忘れていたかもしれないけれど」

ついでのように切り出す

「……だよね。あ、ところで○○プロジェクトの提案書、どう？」

「そういえば、○○の資料、10日までだね。よろしく〜」

さらりと確認する

「○○の件だけど、ちなみに20日までにお返事くれるとうれしいな。よろしくね」

他人のせいにしてしまおう

自分が催促するよりも上司などの第三者に催促を受けてしまって……という形にするほうが効果的な場合もあります。

「太田課長に急ぐようにと言われちゃったの。遠藤さんもいろいろ忙しくてたいへんだと思うけど16時までにお願いできるかな？」

ときには強硬に

取引先に対して催促する場合は、関係性が壊れないように配慮したうえで、しっかりと言うことは言わなくてはいけません。

「期限が来ておりますので、急いでいただかないと」

「急がせるようですが、至急お手配いただけますようお願いいたします」

「まだいただけてないのですが、至急、お調べ願えませんか」

催促がきいて、ことが済んだらフォローを。

「このたびは、催促がましいことを申し上げまして、失礼いたしました」

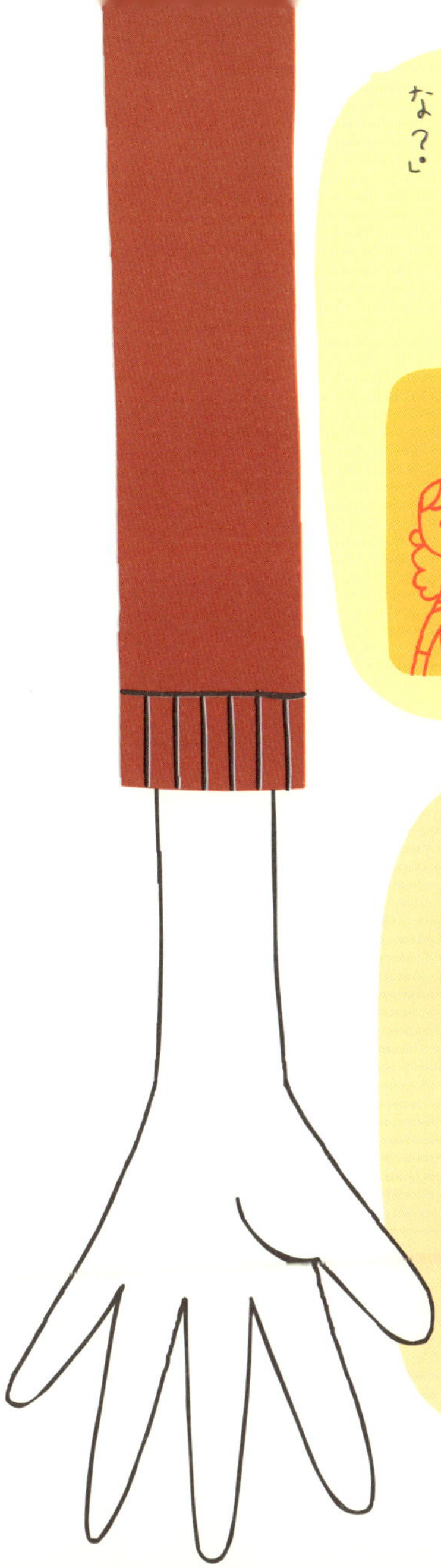

反論する

クッション言葉でやわらかく

真っ向から反論すると、相手はこちらの意見を受け入れにくいもの。とくに相手が理解していなかったり、トンチンカンなことを言われると感情的になるのは得策とは言えません。わたしたちはオトナなのです。

あくまでもソフトに、おだやかに反論するために、次のようなフレーズをひと言加えましょう。

1. 恐れ入りますが
2. 勝手を申し上げますが
3. 失礼だとは思うのですが
4. 偉そうなことを申し上げるようですが
5. 生意気かもしれませんが

ストレートな表現をオブラートに包んでくれる魔法の言葉です。

NG反論

「だから言ったじゃないですか！」

「ですからぁ、さっきも言ったように」

語尾をぼかす

強い主張で、強い語尾だと相手にはショックな気持ししか伝わらず冷静に判断する余裕を失わせてしまいます。語尾もソフトに、やわらかく！ 意見を聞く、というニュアンスや、「だと思う」とぼかすテクニックを覚えましょう。

YES BUTで

いったん相手の意見を受け入れてから、こちらの意見を伝えましょう。頭ごなしに否定するよりも効果があります。これを「イエス・バット方式」と言います。

YES
「佐藤さんのご意見は、ごもっともです。
BUT
ただ、わたしは××のように考えているんですけれど、いかがでしょうか？」

「しかし」「でも」など逆接の接続詞を使わないほうがソフトになります。

あなたの意見が正論だとしても、「わたしはこう思うんです！ 絶対に！」などと一方的に考え方を押しつけないように。

叱責に反論する

上司から叱責を受けたとき、事実に反していたり、根拠が薄いときは意見したいもの。でも「まちがってます」「それはちがいます」などと目上の人を直接否定や非難するのはマナー違反。あくまでも謙虚に控えめに進言するほうがベター。

「お言葉を返すようですが、……ではないでしょうか？」

「ご指摘はごもっともな点もありますが、……とおっしゃいますと事実に反する部分もあります」

「……だと思いますが、いかがでしょうか」

「……という考え方もあると思いますが」

ごめんなさい

誤解を招いたときに弁解する

すぐに反論しない

誤解を招いた原因はもしかして自分にあるかもしれません。誤解だな、と思ってもすぐには反論せずまずは「ごめんね。でもどうしてそう思ったの？」と相手に聞いてみることが大切です。

自分は悪くなくても、相手をクールダウンさせるためにもひと言「ごめんなさい」を入れましょう。

相手の言い分を聞く

自分の主張はぐっと心にしまって、相手がどんな誤解をしているか話を聞きます。

相手の主張をじゅうぶんに聞いて、誤解した原因がわかったら、少しずつ誤解の糸をほぐしましょう。歩み寄りの姿勢が大切です。

事実はやんわりと

相手の話をじゅうぶんにきいてから、本来伝えたかったことをゆっくり伝えます。

誤解を招いてしまったことは素直に謝りましょう。

「気分を悪くさせたみたいでごめんね。少しだけわたしも伝えておきたいことがあるんだけど話してもいい？　じつは……」
「申し訳ございません。わたくしの不注意かもしれませんが、〇〇のご指示は受けなかったように思うのですが―

結論はプラスに！

雨降って地固まる。お互いの誤解の糸がとけたらお礼を言いましょう。終わりよければすべてよし、です。

「誤解を招いたようでごめんなさいね。でも、あなたの気持ちが聞けてうれしかったわ」

「思い切って言ってもらってよかった。これからも遠慮なく注意してね」

詫びられたら

相手が誤解を認めて、詫びてきたら「お互いさま」の気持ちで受けましょう。相手の心の負担を軽くすると、人間関係もスムーズです。

「とんでもない、気にしないでください」

「こちらこそ、○○をしておけばよかったんです」

要求する

数字で明確に

あいまいに要求してもなかなか伝わりません。相手に伝わりやすい要求のしかたを心がけましょう。

お金に関わることは見積もりをもとにします。要求するときなどはどこがどんな理由で、予算が足りないのか理由を明確にすると相手も納得できます。

どこまで譲れる？

要求するといっても相手あってのことですので、要求すべてが通るとは限りません。お互いがすり合わせをしてどこが妥協点なのか見つけていきます。

A「先ほど5日まで、とおっしゃっていたのですが、少々この期間では厳しいのですが…」

B「では1週間、期間をのばすということでいかがでしょうか？」

A「はい。それなら確実にお届けにあがります」

B「ありがとうございます」

要求するということはどちらかが上下関係があるわけではありません。仕事を円滑に進めるためにお願いしていることを忘れずに！

譲歩できないとき

お互いの事情が拮抗したら、いさぎよく交渉を打ち切ることも必要です。

ビジネスともなると「社運がかかっているんだから譲れない！」と意気込みたくなる気持ちもわかります。しかし、取引は今後も続くのですから、長い目で見てしこりが残らないように、割り切ることも大切です。

「たいへん残念ながら、わたくしどももこれ以上の譲歩はできかねます。恐縮ですが、今回のお話は白紙に戻させていただくということにでご了承願えますでしょうか」

逃げ道をつくってあげよう

相手に逃げ道を与えない要求をすると、相手もせっぱつまってしまいます。もしこの要求をのまなかったら絶交！のようなことはないように。相手の事情にも配慮して。

「もしでしたら……」

「たいへん心苦しいのですが……」

「ご尽力いただけたら、たいへん助かります」

恐縮のフレーズ

「非常に申し上げにくいのですが」

「手前勝手ではございますが」

「無理を承知のうえでお願いします」

早急な案件をのぞいて宿題にするほうがいいケースもあります。

「この件について、ご検討いただき、明日あらためてお返事いただけますか？」

しらけた場を盛り上げる

会話の途中に沈黙が……

会話が途切れたり、どちらかが不用意な発言をして空気が「シン」となってしまったときには、困りますよね。

会話中、少しの沈黙は、よくあることです。焦る必要はありません。

「いま、シンとしちゃいましたね！」

と実況中継してしまってもいいでしょう。どちらかがアイスブレイク（沈黙をやぶる）できればまったく問題ありません。

目の前に見える景色や相手が身につけているものなど、そのとき目に見えるもので話題づくりをすると、空気がやわらぎます。

質問して話題を引き出す

話題に困ると自分の話をしたくなりますが、相手に質問しましょう。

「学生時代は何をしていましたか？」と質問するのもマル。陸上をしていた、野球をしていた、はたまた「こう見えて盆栽クラブだったんですよ」などと意外な一面が見つかるかもしれません。新しい発見は質問から生まれます。

話を切り出すフレーズ

「ところで」

「話は変わりますが」

「話が飛ぶようですけど」

「唐突ですが」

「それはそうと」

「何かおもしろい話はありませんか」

親しくなったらプライベートの話も○

プライベートな話をするのはためらいたくなりますが、何度か面談し、打ち解けてきたら休日の過ごし方などをさらりと聞いても問題ありません。自分から積極的に話すのも、OK。より親しくなるきっかけにもなります。

「休日はちなみに何をされていますか?」

「いまは乗馬にはまっているんです」

「富士山を自転車で走っています」

そこからまた仕事の話に戻るかもしれません。ちょっと脱線するくらいがちょうどよいのです。

下調べしてますか?

相手の会社について質問する場合は「何も知りません」というのは失礼にあたる場合もあります。すべて知る必要はありませんが、ホームページがある場合は軽く見ておくなど下調べをしておくと話題に困りません。

おもしろいネタを仕込んでおく

会話上手は、相手を飽きさせない話題が豊富です。話題のポイントは「楽しい話」であること。自分のドジな話や新聞やテレビで見聞きしたおもしろい話をストックしておけば、自信をもって会話を楽しめます。相手が引いてしまうような、笑いのセンスはNGなのでご注意を。

聞きにくいことを聞く

さりげなく切り出して確認する

上司からの指示があいまいだったり、発言内容がよく理解できない、といったとき、あからさまに「わからない」という態度を出さずに、さりげなく確認するテクニックを身につけたいもの。ストレートな質問は、失礼にあたる場合もあります。

「……ということですね？」

「……までに○○すればよろしいでしょうか？」

「……と言いますと」

NG

×「どういう意味ですか？」

×「……って何ですか？」

If〜で本音を引き出す

商談で相手の本音を引き出したいときは、相手を巻き込んで仮定の話をもちかけるのも効果的。質問すれば、相手は答えざるを得ません。

「仮に○○さんが……だとしたら、△△したほうがいいかもしれません」

「もし……だとしたら、どうされますか？」

「やはり○○のほうがいいですよね」

手段を選ぶ

質問内容によっては、直接口頭でなく、メールなどでするほうがよい場合もあります。
相手がどの手段を使えば効率的に、答えられるのかときには智恵を絞ってみましょう。

引いてから押す

質問となると、相手は身構えます。次のようなフレーズでいったん引いてたずねると、相手は答えやすいものです。

「念のため確認したいのですが」

「わたしの聞きまちがいかもしれませんが」

「ひとつ教えていただきたいのですが」

疑問点は明確に

やわらかくたずねるのがマナーでも、何を聞きたいのかがはっきりしないのは✕。
聞きたい点ははっきりさせましょう。

✕「……ということは、つまりアレですか？」

○「……ということは、△△の費用は折半にする、ということですね？」

苦手な人を切り抜ける

割り切りもオトナのマナー

人づきあいにムラがあるのはビジネス社会ではほめられることではありませんが、人間ですから相性や馬があう人、あわない人がいるのはしかたがありません。

「あなたのことは嫌いです！」といった態度は出さずに、「あくまでも仕事は仕事」と割り切って話しましょう。苦手な人ほど笑顔で話すといいですよ。

あいさつはきちんと

苦手な人だからといって、あいさつをしなかったり、態度に露骨に表わすのはよくありません。

むしろ積極的に「おはようございます」や「いつもありがとうございます」とあいさつをすることで、いつのまにか苦手意識がとれることもあります。

距離をあける

言葉づかいがフランクになればなるほど、相手は親近感をもつもの。逆に距離を保ちたい場合は、ていねいな言葉づかいをするのもいいかも。

話を切り上げるコツ

苦手なタイプとして「話が長い人」がよくあがります。あいづちは控えめにして、切り上げる空気を出しましょう。会話中にあいづちが少ないと、関心のなさが伝わります。露骨にならない程度に注意して。

相手への配慮として、遠慮する態度をとると、角が立ちません。

「お忙しそうですし、このあたりで……」

「あまりお時間を取らせてしまってもいけませんから」

どうしても話が終わらない場合は、予定をつくってしまいましょう。『ウソも方便』という言葉もありますので、常習犯はいけませんが、たまには許されるでしょう。

「次の予定が入ってしまっていて……」

まだ慣れていないだけかも？

話す機会の少ない人とは距離を感じてしまうものです。苦手意識がそれほどない相手なら、関心をもって質問してみましょう。

無口な人との会話のコツ

反応しやすいことを話す

無口な人は、会話のきっかけの糸口がどこにあるかわかりません。まずは名前を呼んで話しかけたり、答えやすい質問をしてみましょう。

「〇〇さん、おなかがすきましたね!」

「最近食べて印象に残ってるものありますか?」

「オススメのお店があったら教えてよ!」

無口を非難しない

「無口ですね」「どうしてそんなにしゃべらないんですか?」などと質問をしては相手はもっと心を閉じてしまうかもしれません。

「いつも物静かで穏やかですよね!」など相手を肯定して話しましょう。

会話をふくらませる

相手が無口だったりシャイな人ほど、短い受け答えになりがちです。そこで終わってしまわないように会話を続けるのがあなたの腕の見せ所。

「最近、忙しそうだね」

「はい……」

「昨日は何時まで社にいたの？」

「ええと、22時過ぎまでです」

「ええ！ずいぶん遅かったんだね。それでもこの時間に出社するなんてエライ！次の会議が楽しみだな！」

質問だけで終わらせず、その答えを拾うのがキャッチボールです。

ペースはゆっくり

無口な人に無理矢理話をさせようとして、マシンガンのように話しかけてもかえって相手は面食らってしまいます。

会話は、ときおり休むインターバルがあるくらいがちょうどいいのです。

プレゼンで説明する

第一声を考えておく

人前で話すのは誰でも緊張するもの。ある程度「場慣れ」すれば、緊張もなくなります。また、緊張はスタート時がピーク。出だしのひと言を準備しておけば、あとはスムーズにいくはずです。

声の効果

緊張して自信がないと、ついついボソボソとした声でスタートしたくなります。自信がないときほど大きな声ではじめましょう。

重要なポイントはゆっくり、低めのトーンで話したほうが説得力がうまれます。

ペースも単調だと、聞いている人は「つまらない」と感じます。紙芝居を読むようなイメージで話すのが、人を引きつけるコツ。

資料の棒読みは✖

配付資料を順番に読み上げるのは、「説明」ではありません。資料内容を説明するにしても、自分なりの言葉に置き換えましょう。

説明がスムーズになる「つなぎ語」

よい説明には文と文をつなげる「接続詞」が欠かせません。効果的に使って、聞き手が理解しやすいように心がけましょう。

印象づけるフレーズ

新商品や企画など、印象的に話したり、説得力をつける場合には、次のようなフレーズを使うと効果的です。

- 期待を高める

「なんと、この○○には、○○の機能を実現しました」

- 箔を付ける

「新聞やテレビでも紹介され、話題になっておりますが」

- 周知の事実として話す

「当然のことながら……」

「みなさんご承知のとおり」

時折、確認

説明の途中で、みんなが理解できているか確認するのもブレイクとなっていいでしょう。

「いままでの説明でわかりにくい部分はございませんか？」

「次のご説明に移ってもよろしいですか？」

「わたし一人で進んでませんか？ みなさんついてきてくださってますか？」（冗談っぽく）

反応があれば、お互いの緊張も解けるでしょう。

○順接

前の話を受ける

「それで」「したがって」

○並列

前の話と類似したものを並べる

「また」「そのうえ」「さらに」

○逆接

前の話と反対のことを述べる

「しかし」「ところが」

○転換

前の話を受けて別のことを話す

「それはともかく」「さて」「ところで」

○要約

前の話を受けて結果をまとめる

「というわけで」「要するに」「つまり」

打ち合わせする

本題の切り出し方

すでに説明したように、面談ではいきなり本題には入らず、仕事とは関係のない話で雑談をします。本題に入る合図は

「ところで」「早速ですが」「本日お伺いしました○○の件ですが」

アピールのしかた

売り込みたい商品や企画をアピールするときは、いいことばかり並べると嘘臭く感じられ信用を得られないかも。少しの欠点があったほうが、人間は信じるものです。

伝えるときは「マイナス面から先に」。

「たしかに……（マイナス）ということはあります。でも○○（プラス）なんです」

キーポイントを引き出す

商談の重要な要素である

・予算
・決定者
・条件
・納期

などは、話題に出たときにさらりと聞きましょう。

「前回、ご予算は○○○とのお話でしたが、変更なし、でよろしいですか？」

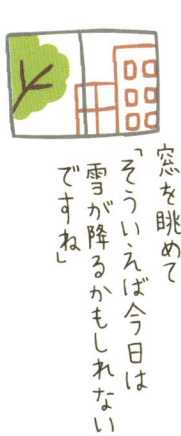

打ち合わせが中断したとき

出席者のひとりが中座して、面談が一時中断するようなとき、残された者同士で会話をしたほうがいいケースがあります。商談や打ち合わせを進めるわけにはいきませんから、仕事以外の話を軽くしてみましょう。

訪問先では、相手のペースにあわせるのがマナーです。あなたが訪問者ならば、相手が切り出すのを少し(15秒くらい)待ったほうがいいでしょう。

窓を眺めて
「そういえば今日は雪が降るかもしれないですね」

メモをとる

大事なポイントや、数字に関することなどはメモを取ります。下ばかり向いては失礼なので、相手の顔を見ながら。メモをとる、ということは「話をよく聞いています」というサイン。ただ、明らかな冗談やオフレコな話はメモしないように。

打ち合わせを切り上げる

申し訳ございません。14時から別件で打ち合わせが入っておりまして……よろしいですか？

予定は先に伝える

次の予定がつまっているときは、あらかじめ相手に予定を伝えておくのがマナーです。話の途中で「失礼する」とは言いにくいですし、そわそわしだすと相手も不愉快です。

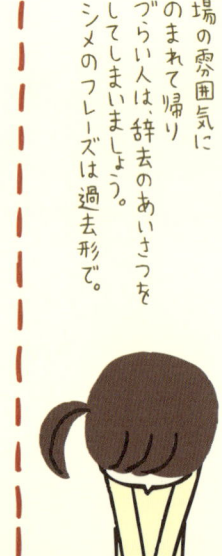

もちろん約束の時間が重ならないように。

出発10分前には切り上げるあいさつをしてしまいましょう。その後、あいさつの時間もあわせて予定の時間には出られるように。

続きはまたご連絡させていただきます

別れのあいさつを

場の雰囲気にのまれて帰りづらい人は、辞去のあいさつをしてしまいましょう。シメのフレーズは過去形で。

本日はありがとうございました

去る準備も手際よく

帰ると決まったら、荷物などささっとまとめて、手際よく。もたもたして、帰るのか帰らないのかわからないアクションは相手も対応に困ります。

ちなみに訪問相手に「お時間まだよろしいですか？」と聞かれるのは「そろそろお引き取りください」の合図です。

携帯電話でアラーム設定

他社訪問の際は、携帯電話はオフか音を出さないようにしておきたいものですが、次の予定に遅れないようにアラーム設定しておくと、便利。

もちろん音の出ないバイブレーション設定に。

無言の「帰る」サイン

◎時計を見る

「時計を見る」のは、「もう時間がない」のサインになります。腕時計や応接室の時計をさりげなく見ると相手も気付いてくれます。
ただし、あまり何度も時計を見るのは相手に失礼になるので注意。

◎お茶を飲み干す

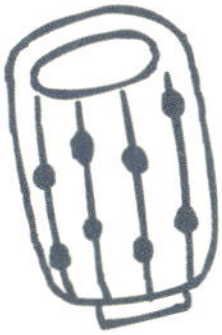

出されていたお茶を飲み干すと、「これで失礼いたします」のサイン。

◎資料をそろえる

テーブルの上に出していた資料をトントンとそろえると、「さあ、終了しましょう」のサイン。

あいづちのタイミングとコツ

会話上手への近道

「はい」「ええ」と単調なあいづちが続くと、相手にも耳障りです。話題に応じてあいづちも変える必要があります。さまざまなあいづちのバリエーションをマスターしておきましょう。

同調のフレーズ

「ええ」「そうですね」

「そのとおりです」

「おっしゃるとおりです」

「私もそう思います」

「ごもっともです」「よくわかります」

「ほんとうに」

「なるほど、そうでしょうね」
※えらそうに聞こえる場合もあるので注意。

驚き・感嘆のフレーズ

「びっくりしましたよ」

「それは驚きですね」

「えっ、本当ですか？」

「すばらしい！」

共感のフレーズ

「そうなんですか」

「それはおもしろそうですね」

「それはすごいですね」

「それはたいへんですね」

「いいですね」

あいづちのタイミング

よいあいづちを打つ人は、「聞き上手」です。相手の話をよく聞き、話の内容にあわせて自然な受け答えをすれば、よいあいづちになります。話の区切りごとに、ひとつあいづちを打ちましょう。ポイントは、相手の話はさえぎらないこと。相手に気持ちよく話をしてもらえるように。

「話を聞いてます」

話をする人は、「あなたに理解されたい」という思いがあります。楽しい話をしたら、あなたにも「それは楽しい」と思ってほしいもの。よいあいづちは、相手が暗に要求していることを表わしています。また「ちゃんと話を聞いています」という印に、時折相手の言葉を疑問形にして返すといいですよ。

展開のフレーズ

「それから？」

「と、おっしゃいますと？」

「その先はどうなったのですか？」

「そんなときは、どうなさいますか？」

「たとえば、どんなことですか？」

疑問のフレーズ

「どうしてですか？」

「いつですか？」

「○○（相手の話のキーワード）ですか？」

「本当ですか？」

NGフレーズ

「てゆうか」

「でも」

「だけど」

「そんなこと言っても」

「だって」

「ふーん」

「だから何？」

「それは違う」

「そうは思わない」

ネガティブな表現は会話の勢いを妨げ、相手も印象はよくありません。

相手の言葉を奪って、「それ知ってる！こうこうこういうことでしょ？」と横取りするのも会話マナー違反です。

クレームを言う

関係は壊さず言うことは言う

「期日になっても支払いがない」「発注内容とは異なる商品が手配された」など、ビジネスのさまざまな場面でクレームをつけたくなります。

でも、感情的になって怒りをぶつけてしまえば、取引先との関係もぎくしゃくしてしまいます。

そうならないために、上手に「クレームをつける方法」を身につけましょう。

申し訳ございませんが……とあえて下手に出る

「こんなことで困っています、助けてもらえますか?」というように、お願いする気持ちで相手に伝えると意外と波風は立たないものです。

「申し訳ございませんが、先日の資料に不備があったようです。たいへんお手数なのですが、ご確認いただけませんか?」

「確認」という言葉を使うと、相手を非難している雰囲気がなくなります。ほんとうに何かの手ちがいである可能性もあるので、最初から頭ごなしに強く言わないこと。

NGクレーム

×「どういうことですか?」

×「まちがってませんか?」

強い語調で詰問するのは×。「ミス」や「まちがい」など決定的な言葉も避けます。

具体的な指示は　もちろん依頼形

どんなときでも相手に何かをしてもらう言葉は「依頼の疑問形」で。

×「〜してください」

○「〜してもらえますか？」

しつこく繰り返さない

事情をなかなかわかってもらえなかったりすると、何度も同じ言葉を繰り返したくなりますが、相手には「しつこい」という印象だけが残ってしまいます。同じ言い回しは多くとも2回までにしましょう。

たとえば、いつも遅刻する人に「何度、言ったらわかるんですか！　9時には来てくださいと言っているでしょ！」と怒るよりも、

「今度は5分前に来てくださいね」

と優しく言うと、相手の行動もかわってきます。

自分のせいにして　スマートに

「もしかして私の勘違いかもしれないのですが……」

「ひょっとしたら誤解かもしれないんですが……」

自分のせいにして切り出すと、上品なクレームになります。

謝罪されたら……

相手が非を認め、平身低頭、謝罪してきても、鬼の首をとったような態度はいけません。あなたもミスをする可能性もあるのですから、お互いさまの気持ちで。

「いいえ、迅速に対応していただいて、助かりましたよ」

感謝で終わると、ステキですね。

クレームに対応する

まずは心を込めて謝罪

相手が怒っているときにはまずはお詫びのひと言を。あなたの問題ではなくても、第一対応者がまず謝罪することが相手の気持ちを落ち着かせる秘訣です。

「申し訳ございません」

「たいへん失礼いたしました」

「ご迷惑をおかけし、申し訳ございません」

相手が不愉快な気持ちになっていることに対する謝罪です。会社の代表としてクレームを受けていると考え、誠意をもって対応しましょう。

○すぐに謝罪できない場合

謝ると責任問題に発展しそうな場合には、相手の発言のみを認めるフレーズが効果的です。

クレーム内容を聞く

ふだんの会話よりも、集中して、短めにあいづちを打ちます。「同意」＋「謝罪」を組み合わせて、合いの手を入れましょう。

「おっしゃるとおりです」

「ごもっともです」

「恐れ入ります」

否定は禁物

明らかに相手の思いちがい、とわかっても、否定は禁物。事情を説明して、相手が納得するまでは気を抜かないように。

×「お客様の思いちがいではないですか？」

×「そんなことはあり得ない」

「おっしゃることはごもっともです」

○明らかに自分(社)に非がある場合

相手が納得いくまで、謝罪します。

「誠に申し訳ございません」

「お客様のお怒りはごもっともです。早速原因を調べまして、対応についてご返事いたします」

相手の誤解

クレームが相手の誤解なら、データなどの数値を用いると、相手にも納得してもらいやすいでしょう。

「わたくしどもの資料を確認しましたところ、検査データは○○を指していますので、心配はございません。ご安心ください」

あいまいなままにしない

相手が興奮していて、クレーム内容がよくわからない場合は、丁重に確認します。状況をきちんと把握しないと、対応はままなりません。あいまいな対応はさらなる怒りを増幅させます。

「○○の点をもう少しくわしくお聞かせ願えますか？」

「どういった点でお困りですか？」

最後は感謝

意見をもらえたことに対する感謝の言葉で終わります。

「本日は貴重なご意見をお聞かせいただきありがとうございました。今後はこのようなことが起きないよう、全力で取りくんでまいります」

言いにくいことの伝え方

名前を度忘れした

◎素直に聞く

面識のある人なのに、名前が思い出せない！　ということもあります。そんなときは弁解するとぼろが出てしまいますから潔く謝って聞いてしまいましょう。

「前もおうかがいしたのにごめんなさい。お名前もう一度教えていただけますか？」

◎わたしは○○です

自分から自己紹介をフルネームでしてしまえば、相手も返してくれます。その際「この間お会いしましたよね！」と付け加えると親切です。

相手の身だしなみがおかしい

◎気になるところはさりげなく

ズボンのチャックがあいていたり、ゴミがついているなど身だしなみが気になるときはさりげなく伝えましょう。

（チャックがあいている）

「先輩、先ほどトイレに行かれました？」

女性の年齢を聞く

◎干支で聞く

生年月日で聞かない配慮を心がけましょう。

「先輩の干支は何ですか？寅ですか？」

若くまちがえられるのはうれしいものです。

「1978年生まれでしたっけ？」

などとあえて若めの誕生日を出してみるのも手です。

第5章
プライベートでもセンスよく

Essential Rules and Manners:
Speaking at Work Effectively

話し方にひと工夫

TONE

やわらかい声で

口は指が2本〜3本入るくらいの大きさに開け、頭から響くように話すとやわらかい声になります。もごもごとした声だと伝わりにくくなります。

SPEED

基本はゆっくりめで

早口はとかく嫌われます。緊張すると、思っている以上に早口になりがちなので注意が必要です。とくに電話の場合は顔が見えない分、理解しづらいので、「少しゆっくりめかな?」と思うくらいがちょうどいいです。

ただし、会話はキャッチボールですから、相手が急いで用件を済ませたいのにゆっくりと話すのはイライラさせてしまう原因になることも。相手のスピードにあわせて、調節しましょう。

TEMPO

緩急をつける

大事なことや重要なことは大きく、ゆっくりめに、落ちついて話すなど、会話のなかでも緩急をつけるのが、わかりやすい話し方。

話をよく聞く

相手の話にかぶせるように話しはじめることはとても失礼です。同時に話しはじめたら、「どうぞ、お先に」と譲るのがオトナのマナーです。相手をさえぎるようにあいづちを打つのも同様です。最後まで聞いてから返すようにしましょう。

NG

語尾ははっきり

語尾がはっきりしないと、聞いている人はイライラします。強く話す必要はありませんが、語尾はしっかりはっきり伝えましょう。

×「うかがいます」
×「うかがいません」

HIGH

EXPRESSION

説得するときは低い声で

相手を説得したい場合は、低い声が有効です。しかし、低すぎると暗い印象になるので注意しましょう！あいさつするときや声をかけるときはちょっと高めの明るい感じで。

LOW

言葉に表情をつける

ていねい言葉を並べても、気持ちが入っているかどうかは案外相手に伝わるものです。気持ちを込めて話しましょう。

恋愛にも使える？　相手を知るコツ

素直に質問する

知りたいことを相手にストレートに質問するのもアリ。質問する、ということは「あなたに関心があります」という印ですから。

相手の関心事を話題にする

ある程度、親しい間柄で、相手の趣味や好みを知っていたら、そのことについて質問してみましょう。ときおり、

「くわしいですね」

とほめることを忘れずに。ほめられると人は気分がいいものです。

自分のことを先に伝える

自分が知りたいことを先に相手に伝えると、質問しやすいですし、相手も安心して話す気持ちになれます。

「最近、暑くなってきましたよね。私は冬生まれのせいか、夏は苦手なんです。そういえば、○○さんはお誕生日はいつなんですか？」

「わたしも1月生まれなので、暑いのは苦手です」

「お気軽に……」は魔法の言葉

プライベートでも親しくなりたいと思っている場合は、相手の負担にならない程度に話の流れからお誘いしましょう。

その際「お気軽に」とつけると相手も負担になりません。


「そういえば、○○さんはジャズお好きなんですよね？　来月のブルーノートのチケットあるんですけど、よかったらご一緒しませんか？

予定がわかったらお気軽にご連絡くださいね」


「お誘いありがとうございます。喜んで」

深く返せば深まる？

コミュニケーションは不思議なもので、こちらが浅く返せば、相手も浅く返す、という傾向があります。

相手から質問されたりしたら、具体的に答えるようにすると、どんどん会話が深く、充実したものになるかもしれません。

しつこくは聞かない

「それでどうなんですか？　それはどういうことなんですか？」など根掘り葉掘り聞くのは相手との関係にもよりますが、失礼にあたることもあるので気をつけましょう。

お祝いごとのとき

結婚式・披露宴に出席する

受付にて

あいさつして、芳名帳に記帳します。

「本日は誠におめでとうございます。新郎（新婦）の友人の○○と申します。本日はお招きいただき本当にありがとうございます」

控室などで

親族に

「本日は誠におめでとうございます」

お祝いの言葉を述べたあと軽く自己紹介をすることを忘れずに。

「わたくし、同じ会社の山口と申します。いつも□□さんにはたいへんお世話になっております」

新郎新婦に

「おめでとうございます」

「おきれいな（ステキな）方ですね」

◎スピーチを頼まれたら

新郎新婦から事前にスピーチを頼まれたら、快く引き受けましょう。感動を与える話やウケをねらう話をする必要はありません。新郎や新婦との楽しい思い出話で、人となりがわかるような話ができればじゅうぶんです。

●スピーチの流れ●

- 自己紹介
- 新郎新婦へのお祝いと招待への感謝
- 新郎新婦の長所がわかる思い出話
- 励ましの言葉とお祝い

ご祝儀のマメ知識

ご祝儀の目安

(20代) 友人・同僚 2万円
近い親戚・兄弟姉妹 3万円

(30代) 友人・同僚 3万円
近い親戚・兄弟姉妹 5万円

「4」は「死」、「9」は「苦」を連想させる数字なので避けること。偶数は慶事では避けるべきですが、「2」は「ペア」ということで問題なくなりました。

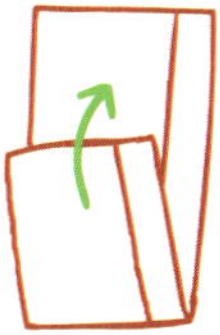

ご祝儀袋の上袋は「よいことがたまるように」という意味から下側が上を向くように折る。

中袋には金額と、裏に自分の名前と住所を明記。

結婚は何度もあってはいけないお祝いなので、水引は「結び切り」のものを。

上司に結婚の報告をする

結婚や出産などはプライベートなことなので、勤務時間外に報告します。

「じつは、わたくしこのたび結婚することになりました。式は、○月○日を予定しております。準備などで何かとご迷惑をかけることとなりますが、よろしくお願いいたします」

◎結婚式で避けたい「忌み言葉」

おめでたい席では「別れる」「切れる」など縁起の悪い言葉は極力言い換えるように心がけましょう。

- ケーキをナイフで切る→ケーキにナイフを入れる
- これでおしまいです→これでお開きになります

ほかにも「破れる」「出す」「戻る」「飽きる」「苦しい」「壊れる」「とんでもない」、再婚を連想させる「重ね重ね」「またまた」「たびたび」「返す返す」なども×。

不幸があったとき

通夜・告別式に出席する

香典を渡すとき

記帳するときに両手で渡す。

「こちらをどうぞ
ご霊前《れいぜん》に
お供《そな》えください」

お悔みの言葉

通夜や葬儀の場で遺族に対して、低めのトーンで短く述べます。

「このたびはご愁傷（しょう）さまでございます」

「お悔み申し上げます」

「ご冥福を心からお祈りいたします」

お通夜は弔問客も多く、時間も限られていますので短い言葉で。

取引先の訃報があれば、上司に報告し、指示を仰ぎます。

不祝儀のマメ知識

香典の目安

（20代）友人・同僚　5千円
近い親戚　1万円

（30代）友人・同僚　1万円
近い親戚　3万円

香典は新札にしません。

表書きは「御霊前」とし、
氏名を薄墨で書いて悲しみを表わします。

不祝儀袋の
上袋はお祝い
とは逆で、上側
が下を向くように
折る。

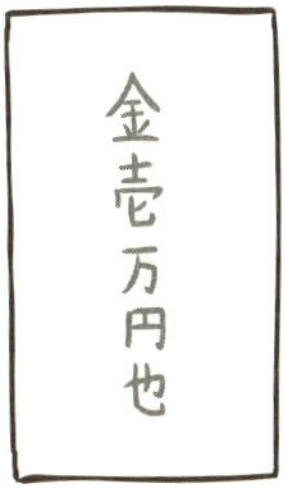

中袋には金額と、
裏に自分の名前と
住所を明記。

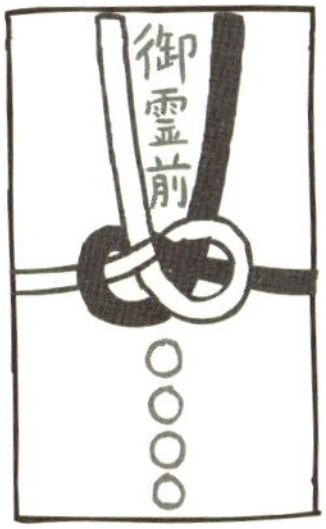

何度もあってはいけない
不幸なので、水引は
「結びきり」のものを。

お悔みでの忌み言葉

ストレートな表現は避けて言い
回しに気をつけましょう。

「死亡」→「ご逝去（せいきょ）」
「他界」「永眠」

「ご存命中」→「ご生前」

その他、不幸が重なるイメージの
言葉も避けます。

「重ね重ね」「再三」「くれぐれも」
「たびたび」「しばしば」「返す返す」
など

焼香の作法

告別式では抹香の焼香が一般的。座ってする場合と、立ったままの場合がありますが、基本的な流れは同じです。

1 遺族に一礼
2 祭壇の前で深く一礼
3 3本指（親指・人差し指・中指）で抹香をつまむ
4 つまんだ手を目の高さまでささげ、静かに香炉に入れる
5 遺影を見て合掌し、深く一礼
6 数歩下がって遺族に一礼

病気見舞いのとき

入院直後は避ける

入院直後や手術直後は基本的に避け、少し回復したところを見計らいましょう。
面会時間を守り、相手に気を使わせることがないように長居は避けましょう。長くても20分が目安です。家族に確認をしたほうがベター。

相部屋の病室なら同室の人にもあいさつをし、迷惑にならないよう大きな声で話したりしないように。

病状についてあまり聞かない

お見舞いに行くと病状について聞きたくなりますが、あまりしつこく聞くのは失礼です。
その他、注意して避けたい言葉をあげておきます。

プラスの言葉を

「お加減いかがですか？」

「顔色よろしいようですね。安心しました」

•お見舞いにタブーの花•

菊（お葬式を連想させる）

シクラメン（死ぬ、苦しむに通じる）

ユリ（匂いが強い）

鉢植え（根づく＝寝つくに通じる）

赤い花（血を連想させる）

⊙NGお見舞いフレーズ

・無用な焦りやプレッシャーを与える

「がんばってください」

「はやく仕事に復帰してくださいね」

・無責任な見解

「すぐによくなりますよ」

・無神経

「やせましたね」

「顔色がよくありませんね」

お見舞いの品を渡すとき

相手が落ち込んでいたら

まずは、気持ちをじゅうぶんに吐き出してもらい、相手の気持ちに寄り添って共感してあげましょう。落ち込んでいるときは味方が欲しいものです。「大変だね」「大丈夫！」などと言葉でなぐさめるのも大切ですが、ときには何も言わずに話を聞いてあげるだけでも、なぐさめになることもあります。沈黙も大切に。

⊙病気見舞いの最適品

やさしい感じのする花

本人の好きな本・CD・画集

タオル類などの必要雑貨

その他、本人の要望によりスケッチブックや編み物の材料などを渡しても喜ばれます。親しい間柄ならたずねてみるといいでしょう。

食事制限もあるかもしれないので食べ物や酒・タバコの嗜好品はふさわしくありません。

帰るとき

「どうぞお大事になさってください」

「決してあせらずご養生《ようじょう》ください」

付き添いの家族へもあいさつを

オフィス外での気のきいたひと言

新幹線や飛行機で

シートを倒す

後ろの座席の人に「シート、倒します」

突然倒すと不愉快に感じる人もいます。

前を通る

「前を失礼します」

はしゃぎすぎた

「失礼しました」

騒しい人が気になる

「恐れ入りますが、もう少しお静かに願えませんでしょうか？」

電車で

足を踏んだ、ぶつかった

「失礼しました」

「ごめんなさい、痛かったでしょう？」

謝られたら

「いいえ、どういたしまして」

席を譲る

「どうぞおかけください」

「もうすぐ降りますから、どうぞ」

タクシーで

乗る

「○○までお願いします」

近場までなら

「近くて申し訳ないのですが」

降りる

「ありがとうございました」

運転手さんが話を聞かせてくれたら

「楽しいお話をありがとうございました」

レストランで

注文する

「お願いします」

※「すみません」よりもスマート

料理を出されたら

「ありがとうございます」

トイレの場所をたずねる

「お手洗いはどちらですか？」

※女性は「お化粧室」と言うと上品

相席を頼む

「すみません、ご一緒してもよろしいですか？」

店員に相席を案内されたら

「失礼します」

路上で

道をたずねる

「少々おうかがいしたいのですが」

「恐れ入りますが、このあたりはおくわしいですか？」

×「あのう」「ちょっと」「すみません」

物を落として大きな音を立ててしまったら

「失礼いたしました」

勘定をする

「ごちそうさまでした」

「○○、ほんとうに美味しかったです。また来ますね」

古谷治子（ふるや　はるこ）
文京女子短期大学英文科卒業後、TBS、中国新聞社で9年間の実務経験後、大学・短大・専門学校等にて、「ビジネス行動学」「ビジネス秘書」の講師を勤める。1993年に株式会社マネジメントサポートを設立する。現在、代表取締役社長。研修分野は管理職、営業、ビジネスマナー、クレーム対応、電話診断など多岐にわたる。クライアントは官公庁から大企業、中堅企業まで350社を超える。インストラクター養成にも定評があり、過去2000名以上のインストラクターを輩出した。
著書に『すぐに身につくビジネスマナー』『恥をかかない　敬語・言葉遣い』『心を動かす　電話応対』（以上、インデックス・コミュニケーションズ）、『仕事の基本が身につく本』『クレーム電話 よい対応はここが違う!』（以上、かんき出版）、『デキる&好かれる仕事のマナーとことば遣い』（池田書店）、『好感度アップ!　速効ビジネスマナー』（日本実業出版社）など多数、ビデオ「電話応対のマナーとクレーム対応の技術」（プレジデント社）がある。

【連絡先】　株式会社マネジメントサポート
TEL　：03−5418−4600
FAX　：03−5418−4661
URL　：http://www.ma-support.co.jp
http://www.woman-support.com

〈ビジネスいらすとれいてっど〉
人《ひと》に好《す》かれる ものの言《い》い方《かた》・伝《つた》え方《かた》のルールとマナー

2006年8月1日　初版発行
2007年3月1日　第7刷発行

監修者　古谷治子 ©H.Furuya 2006
発行者　上林健一

発行所　株式会社 日本実業出版社　東京都文京区本郷3−2−12　〒113-0033
大阪市北区西天満6−8−1　〒530-0047
編集部　☎03-3814-5651
営業部　☎03-3814-5161　振替　00170−1−25349
http://www.njg.co.jp/

印刷／壮光舎　　製本／共栄社

この本の内容についてのお問合せは、書面かFAX（03−3818−2723）にてお願い致します。
落丁・乱丁本は、送料小社負担にて、お取り替え致します。

ISBN 978-4-534-04101-2 Printed in JAPAN

下記の価格は消費税（5%）を含む金額です。

日本実業出版社の本

ビジネスマナー関連書籍

好評既刊！

北原千園実＝著
定価 1260円（税込）

白沢節子＝著
定価 1260円（税込）

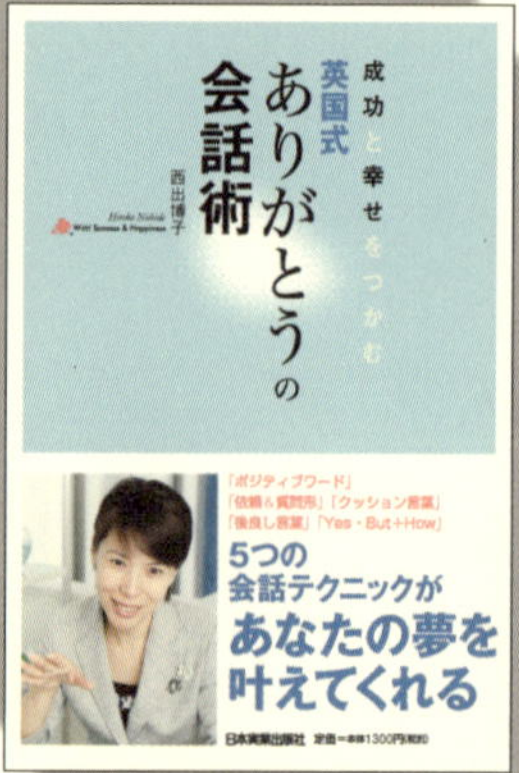

西出博子＝著
定価 1365円（税込）

古谷治子＝著
定価 1365円（税込）

定価変更の場合はご了承ください。